传
记
文
库

特立，不独行

Auf Wiedersehen, Peking

别了，北平

(奥) 雷立柏 编注
Herausgeber Leopold Leeb

奥地利修士画家
白立鼐
在
1949

新星出版社　NEW STAR PRESS

40 岁的白立鼐修士（在山东兖州）
Br. Berchmans im Alter von 40 Jahren (in Yanzhou, Shandong)

45 岁的白立鼐修士
Br. Berchmans im Alter von 45 Jahren

陆鸿年赠送给白立鼐修士的画（现保存在罗马圣言会会院）

Ein Bild von Lu Hongnian, Geschenk an Br. Berchmans (aufbewahrt im Haus der Steyler Missionare, Rom)

80 岁的白立鼐修士（在罗马）
Br. Berchmans im Alter von 80 Jahren (in Rom)

左起：白立甫修士、艾博理修士、身份不详、陶百龄修士
Von links: Br. Berchmans, Br. Erminoldus Elser, unbekannt, Br. Severinus Tauber

辅仁大学的天主教画派（1936年）

左起：陆鸿年（1914—1989年）、王肃达（1911—1963年）、徐济华（1912—1937年）、陈路加（即陈缘督，1902—1967年）、辅仁大学校长陈垣（1880—1871年）、白立鼎（1891—1985年）、辅仁大学教育学院院长张怀（1896—1987年）、李智超老师（1900—1978年）、邢老师（？）

Die katholische Kunstschule der FuJen University (1936)
von links: Lu Hongnian(1914–1989), Wang Suda (1911–1963), Xu Jihua (1912–1937), Chen Lujia (auch bekannt also Chen Yuandu, 1902–1967), Chen Yuan, Praesident der FuJen (1880–1871), Br. Berchmans (1891–1985), Zhang Huai, Leiter der Abteilung der Paedagogie (1896–1987), Lehrer Li Zhichao (1900–1978), Lehrer Xing (?)

1947年5月1日，辅仁大学；白立鼐发初愿25周年（1922—1947年）
前排左起：芮格尼神父（1900—1980年，辅仁大学校务长）、白立鼐修士（1891—1985年，美术系老师）、李士嘉神父（1893—1982年，物理学教授）；
后排左起：陶百龄修士（1896—1974年，辅仁大学印刷技术员）、宋德刚神父（1896—1956年，中国司铎书院导师）、盖筏士修士（1897—1979年，辅仁大学会计）、身份不详。

1. Mai 1947, FuJen University; Br. Berchmans feiert 25 Jahre Ordensprofess (1922–1947)
vorne, von links: P. Rigney (1900–1980, Rektor der FuJen University), Br. Berchmans (1891–1985, Lehrer der Kunstabteilung), P. Richarz (1893–1982, Prof. der Physik).
hinten, von links: Br. Severinus Tauber (1896–1974, Techniker der Presse der FuJen Univ.), P. Sonderkamp (1896–1956, Direktor des Collegium Sinicum, Weiterbildungsanstalt der Priester), Br. Kephas Spee (1897–1979, Prokurator der FuJen Univ.), unbekannt.

目录 / CONTENT

序 / 奥地利大使艾琳娜   1
Vorwort

序 / 雷立柏   4
Vorwort

白立鼐修士   001
Br. Berchmans Brückner

白立鼐修士的一生   003
Br. Berchmans Brückner: Ein Lebensbild

白立鼐修士在中国西画史上的地位   009
Br. Berchmans und die Geschichte der westlichen Malerei in China

白立鼐的告别回忆录：从北京到罗马   027
Erinnerungen an den Abschied: Von Beijing nach Rom

白立鼐的画   091
Die Bilder von Br. Berchmans Brückner

1 素描画　Zeichnungen und Skizzen   093

2 水彩画　Aquarelle   131

3 人像　Portraits   165

4 动物和静物　Tiere und Stillleben   188

5 告别北京　Abschied von Beijing   206

序

人们通常说，音乐可以跨越人与人之间的隔阂，可以感动不同历史背景的人，也可以在不同民族和不同国家之间搭起一座桥梁。当然，在美术方面也一直有这种交流，人们会欣赏来自其他地区的美术作品，会得到新的灵感，会接受新的因素。在我们眼前的这本书特别清楚表达了艺术的桥梁作用：本书介绍白立鼐修士的人生、艺术作品和他的美术教学工作。这位修士曾扮演了特殊的中介角色，虽然他在当时的影响并不太大。雷立柏以同情而又客观的文笔描述了白立鼐的一生和他在华的工作与使命。

白立鼐曾在北京辅仁大学教学16年之久（1933—1948年），他教导中国学生更好地认识现代艺术，即透视、美术

Vorwort

Es ist fast ein Gemeinplatz, dass Musik die Grenzen überwindet, Menschen mit verschiedener Geschichte rühren und eine Brücke zwischen Kontinenten bauen kann. Natürlich gab und gibt es auch in den bildenden Künsten immer Auseinandersetzungen mit Kunst, die andernorts und zu anderer Zeit geschaffen wurde, Befruchtungen und Einkreuzungen. Aber selten kann die Vermittlerrolle – und sei es auch eine bescheidene, was ihre Reichweite angeht - so klar dargestellt werden, wie es hier in diesem Band zur Kunst und Kunstvermittlung von Br. Berchmans Brückner geschieht. Liebevoll und unsentimental, wie Berchmans Brückner wohl selbst auch war, skizziert Leo Leeb sein Leben und Schaffen in China.

16 Jahre lang (1933–1948) war Berchmans Brückner Lehrer an der katholischen Fu Ren Universität in Beijing, wo er chinesische Studenten in moderne Malerei, Perspektivik, Kunsttheorie und Kunstgeschichte des Westens eingeführt

理论和欧洲美术史，他是一位认真的老师，有时候一周上26小时的课。他所支持和培养的年轻中国基督徒画家在1934年秋天的圣诞节画展上展现了自己的作品，并博得了观众的赞赏。

白立鼐自己也是一位有很多作品的艺术家：在他的素描和水彩画中我们见到了"老北京"，比如北京的城门和北京的郊区，而其中很多景色早已经消失了。

根据他的日记可以意识到，白修士对中国的感情非常深——他把自己生命的26载献给了中国。他很不情愿地离开了北京，虽然1948年和1949年的北京处于很微妙的处境，而他很担心将来的发展。他当时很忧虑在华的外国人和中国的基督徒可能会受到一些影响。

白立鼐离开了北京，他经过上海而到达香港。在香港他阅读了毛泽东的自传并且说他能很好地理解他，因为世界上的人都是人，有很多类似的经

hat, oft 26 Wochenstunden lang. Die christliche Malschule, die er förderte, präsentierte sich erfolgreich in einer Weihnachtsbilder-Ausstellung im Herbst 1934, bei der junge chinesische Künstler erste Verkaufserfolge erzielen konnten.

Berchmans Brückner war aber auch selbst ein produktiver Künstler: aus seinen Gemälden und Aquarellen tritt uns das „alte" Beijing entgegen, mit seinen Stadttoren und Vororten, die es längst nicht mehr gibt.

Aus seinen Tagebüchern spricht die tiefe Verbundenheit mit China, dem Land, dem er 26 Jahre seines Lebens schenkte. Der Abschied fiel ihm schwer, wiewohl Peking 1948 und 1949 umkämpft war und die Unsicherheit der weiteren Entwicklung im Lande mit ihren möglichen Auswirkungen auf Ausländer im Allgemeinen und Christen im Besonderen ihn bedrückte.

In Hongkong, einer wichtigen Etappe seiner Ausreise aus China, liest er eine kurze Autobiographie von Mao Ze Dong und notiert, dass er ihn gut versteht, weil Menschen eben Menschen seien. Von Rom aus noch hielt er – mit bescheidenen Postkarten, wie er in seinem Tagebuch notiert – Kontakt zu seinen alten Künstlerfreunden in China.

Wenn ich das nächste Mal vom Kohlehügel auf die verbotene Stadt blicke, vorausgesetzt das

历。最后，白立鼐飞到罗马，而从那里他向北京的艺术界友人寄了一些明信片——这也记载在他的日记中。

白立鼐的一幅水彩画是从景山上画的故宫。当我下次爬上景山并眺望紫禁城时，我就要找白立鼐当年站的位置，用他的视角看故宫……

艾琳娜（奥地利大使）

Wetter ist klar, werde ich Berchman Brückners Perspektive suchen, wie sie uns aus einem seiner Aquarelle überliefert ist.

Irene Giner-Reichl

序

本书介绍一位被遗忘的画家，即奥地利画家白立鼐。他在中国生活26年之久（1923—1949年），曾在北京辅仁大学任教16年（1933—1949年），并在该大学培养了很多中国年轻艺术家。他曾教很多中国学生现代的绘画、透视画法、西方艺术理论和西方艺术史。他因北京天主教画派而闻名于世，因为他是陈缘督、陆鸿年和王肃达的导师和朋友。他促成了北京天主教画派的建立并在很多方面帮助或影响了中国的年轻画家。同时，他自己也是一位多产的画家：他特别喜欢画老北京的"城门"和北京郊区的景色。

这本书旨在介绍白立鼐的一生，也试图阐明他在中国艺术史上的贡献，还介绍了他1949年离开北京的日记。通过

Vorwort

Dieser Bildband päsentiert einen vergessenen österreichischen Maler, den Ordensbruder Berchmans Bückner, der 26 Jahre lang in China gelebt hat (von 1923–1949). 16 Jahre lang (1933–1949) war er Lehrer an der katholischen Fu Jen Universität in Beijing, wo er viele chinesische junge Künstler ausgebildet hat. Er hat chinesische Studenten in die westliche moderne Malerei, Perspektive, Kunsttheorie und westliche Kunstgeschichte eingeführt. Bekannt wurde er durch die katholische Malschule, als Begleiter und Freund der christlichen Künstler Lukas Chen, Lu Hongnian und Wang Suda. Er förderte die Entstehung der neuen katholischen Kunstrichtung und beriet die jungen chinesischen Künstler. Er selber war aber auch ein produktiver Künstler: er malte das „alte" Beijing, besonders gefielen ihm die Stadttore und Szenen aus den Vororten Beijings. Der vorliegende Bildband bietet eine kurze Biografie von Br. Berchmans, dazu einen Essay über die Positionierung seines Beitrags vor dem Hintergrund der modernen

这些，让读者感觉到他对中国的爱慕和对中国艺术的贡献。

出版这本书的主要理由是欣赏白修士的画：他不仅是一名美术教师，而且也是一位水彩及素描大师，他用简洁的线条给北京的老建筑注入了生命……因为白修士的母语是德语，所以我选择了"汉德双语"的方式向读者介绍他。

雷立柏（Leopold Leeb）
中国人民大学 2016 年秋

Kunstgeschichte in China, ausserdem die Passage aus seinen Tagebüchern, die seinen langgezogenen Abschied von China beschreibt. Hier wird dem Leser bewusst, wie sehr Br. Berchmans an China und an seinen chinesischen Freunden hing. Der Hauptgrund für diese Publikation ist jedoch die Freude an seinen Bildern: Er war nicht nur Kunstlehrer, sondern auch ein begnadeter Aquarellist und Skizzierer, der mit wenigen Bleistiftstrichen den alten Gebäuden Beijings geheimnisvolles Leben einhauchen konnte. Weil die Muttersprache von Br. Berchmans Deutsch war, haben wir uns entschieden, diesen Bildband und alle darin enthaltenen Texte zweisprachig herauszugeben.

Leopold Leeb (Herausgeber)
School of Liberal Arts, Renmin University, Beijing, Herbst 2016

白立肅修士

Br. Berchmans Brückner

白立鼐修士的一生

方济格·布茹克内尔（中文名字：白立鼐）修士1891年12月3日生于奥地利首都维也纳，是威廉和伊莉莎白·布茹克内尔的第六个孩子。他的父亲是裁缝。父亲早逝，所以小方济格与病弱的母亲搬到母亲的老家，即捷克中南地区的布杰约维采（德语称"布得维斯"），在那里他上了两年小学。他的母亲于1900年去世，方济格又回到维也纳，继续上小学和中学，并完成师范学院的课程。1912年他在维也纳一所小学教书。1914年8月他作为志愿军入伍一年。然而，战火维持了四年之久，期间年轻的方济格在捷克东部地区和意大利北部地区服兵役。在战争结束时（1918年）他已经是中尉。

在1919年复活节之前，

Br. Berchmans Brückner: Ein Lebensbild

Br. Berchmans Franz Brückner wurde am 3. Dezember 1891 als sechstes Kind des Ehepaares Wilhelm und Elisabeth Brückner in Wien geboren. Sein Vater war Schneidermeister. Nach dem frühen Tod des Vaters zog der kleine Franz mit seiner schon kränklichen Mutter in deren Heimat nach Budweis (Tschechei). Dort besuchte er zwei Jahre lang die tschechische Volksschule. Im Jahr 1900 starb auch seine Mutter, und er kam wieder zurück nach Wien. Nach der Volks- und Bürgerschule in Wien absolvierte Franz das Lehrerseminar, und im Jahr 1912 erhielt er in Wien eine Anstellung als Volksschullehrer. Im August 1914 rückte er als Freiwilliger ein, zuerst für einen einjährigen Einsatz, aber es wurden vier Jahre daraus, und er diente in den Karpaten, am Isonzo und bei Trient. 1918 rüstete er im Rang eines Oberleutnants ab. Vor dem Osterfest des Jahres 1919 machte Franz Brückner Exerzitien im Missionshaus St. Gabriel bei Wien und entdeckte dabei seine Berufung zum missionarischen Ordensleben. Im August 1919 trat er als Postulant

方济格在维也纳附近的传教修道院"圣佳伯尔"参加了一次信仰灵修活动("避静")。听了神父们的讲道后,他决定以传教士为自己的职业。1919年8月他前往圣佳伯尔修院,决定要加入"圣言会"这家传教修会,以"修士"的身份在传教区服务,并在入会时获得"贝尔克曼斯"这个会名。圣言会的修士当时大多是手工业者、印刷工或建筑师,很少有修士是老师。1921年贝尔克曼斯修士宣发第一次圣愿。1923年修会派他到中国。当时的圣言会在山东南部管理一块面积很大的传教区。在中国,他获得了汉语名字"白立鼐"。

白立鼐修士这样回顾前往中国的道路和在中国的经历:"我们从南安普敦出航,经过苏伊士、亚丁、科伦坡、新加坡,40天后终于到了中国的上海!从那里坐火车到孔子的家乡(山东),那里有韩宁镐主教的传教区。1923年11月29—30日午夜,我到了兖州府的主教府,我还记得,那是

bei den Steyler Missionaren in St. Gabriel ein. Er wollte Missionar und Ordensbruder werden und erhielt den Ordensnamen „Berchmans". Die Ordensbrüder der Steyler Missionare arbeiteten damals als Handwerker, Drucker oder Baumeister in den Missionsgebieten des Ordens. Nur wenige Ordensbrüder waren Lehrer. Br. Berchmans legte 1921 die ersten Gelübde ab. 1923 erhielt er die Missionsbestimmung für China, wo die Steyler Missionare in Shandong ein grosses Missionsgebiet betreuten. In China nahm Bruder Berchmans den chinesischen Namen „Bai Linai" an.

Rückblickend auf seine Reise nach China und seinen weiteren Lebensweg schrieb Br. Berchmans: „Southhampton, Suez, Aden, Colombo, Singapur und, nach 40 Tagen Himmel und Meer, Shanghai - China! Und per Bahn weiter in die Heimat des Konfuzius, in die Mission des guten Bischofs Henninghaus. Am 29./30. November 1923, um Mitternacht, bei Mondenschein, just als die Turmuhr der bischöflichen Kathedrale 12 Uhr schlug, kam ich beim Tor der bischöflichen Residenz in Yanzhoufu an. Da kurze Rast und wieder weiter, im Maultierkarren, zum 30 km entfernten Regionalhaus der SVD in Daijia. Zu diesem Haus gehörte eine Volksschule, ein Lehrerseminar und

月光皎洁的夜晚,而当我进入了教堂的门口,兖州大堂的钟楼响了12下。在兖州的休整时间不长,我坐骡车,到了离兖州30公里远的圣言会会院,即济宁以北的戴家庄(亦称'岱家')。这个会院还办了三所学校:一所小学,一所师范学院,以及一所中学(在济宁市的'中西中学')。我在这三所学校一边和学生学汉语,一边教他们欧洲文字、阅读、数学和绘画;1929年以后我也在兖州府的大修道院中任教。"

"到了1933年,韩宁镐主教派我到北京。圣言会在那里刚刚接管天主教创办的辅仁大学。我曾在那里任德语讲师、美术讲师,还当了西洋画组主任。除此之外,我也支持年轻的中国天主教画派。1945年后,政治上的变化使得大学的工作逐渐无法进行。因此,我1949年1月9日离开了北京,飞到上海,后到香港,1949年8月16日又飞到罗马。"

在26年后,白立鼐再次得以回到他的家乡,在维也纳

eine Mittelschule (in der nahen Stadt Jining). In diesen drei Schulen lernte ich Chinesisch und unterrichtete gleichzeitig europäisches Lesen, Schreiben, Rechnen und Zeichnen; 1929 auch im bischöflichen Priesterseminar in Yanzhoufu. "

1933 sandte mich Bischof Henninghaus nach Peking. Dort hatte die SVD eben die Leitung der Katholischen Universität Fu Jen (Furen) übernommen. An Ihr war ich dann durch 16 Jahre ‚Lecturer in German, in Fine Arts and Head of the Section of Western Painting'. Nebenbei auch Förderer der jungen chinesisch-christlichen Kunst. Darum verliess ich am 9. Jänner 1949. flog nach Shanghai, dann nach Hongkong, und am 16. August 1949 nach Rom. "

Nach 26-jähriger Abwesenheit konnte Br. Berchmans seine Heimat, seine Geschwister in Wien und die Mitbrüder in St. Gabriel besuchen. Ab Jänner 1950 lernte er in Rom das Buchbinden, und von 1950 bis 1974 war er Pfleger der Generalats- und Kollegsbibliothek. Oft war er auch Museumsführer für die Gäste des Kollegs in Rom.

Am 2. Juli 1974 nahm er, bereits 82, Abschied von Rom und lebte in St. Gabriel, wo er in der Hausbibliothek mitarbeitete. Im Juli 1981 fesselte ihn ein Oberschenkelhalsbruch für den Rest seines Lebens ans Bett. Die lange Zeit der Bettlägerigkeit

又见到了他的兄弟姐妹们，还有圣佳伯尔修道院的会士。1950年1月后他在罗马学习装订书籍的技术，1950—1974年负责圣言会总会在罗马的图书馆。他也经常充当罗马会院的客人的导游，带他们去参观罗马的博物馆和旅游景点。

1974年7月2日，82岁的白立鼐离开罗马并回到奥地利圣佳伯尔会院，在那里的图书馆服务。1981年7月后他因大腿骨折导致终身卧床。他以平静的心态忍受长期的病弱。最后两年，他的听力也极度退化。1985年4月9日，白立鼐修士去世，4月12日在圣佳伯尔的墓地下葬。

这位奥地利的修士对中国的长期影响在于他对中国天主教画派的激励。他曾任"西方美术专修科副教授"，而1933到1948年间国画组和西洋画组的学生都上过他的一些课，这些课包括"西洋画导论"、"西画理论"、"透视画法"、"素描练习"，他经常一周教

ertrug er mit ungebrochener Lebensfreude. Die beiden letzten Jahre seines langen Lebens waren zudem durch seine schwindende Hörfähigkeit belastet. Br. Franz Berchmans Brückner starb am 9. April 1985 und wurde am 12. April auf dem Friedhof von St. Gabriel begraben.

Die bleibende Bedeutung dieses österreichischen Ordensbruders für China liegt in der Anregung, die er den chinesischen christlichen Künstlern gegeben hat. In den Jahren 1933 bis 1948 haben in der Kunstabteilung der katholischen Furen Universität alle Schüler seine Kurse besucht: „Einführung in Westliche Malerei", „Theorie der Westlichen Malkunst", „Perspektive", „Zeichnen und Malübungen", oft hat er 25 Stunden pro Woche unterrichtet. Er hat die später zum Teil sehr bekannten chinesischen Maler Lukas Chen (Chen Yuandu), Wang Suda, Lu Hongnian und viele andere ausgebildet und begleitet. Mit seinem Vorschlag im Herbst 1934, an der Furen Universität eine Ausstellung mit Weihnachtsbildern im chinesischen Stil zu veranstalten, hat er dem neuen chinesisch-christlichen Stil zum Durchbruch verholfen und den jungen Künstlern Selbstvertrauen eingeflösst, denn viele Bilder der Ausstellung wurden sofort verkauft. Br. Berchmans hat freundschaftlichen

25个小时的课。他指导和协助了陈路加（陈缘督）、王肃达、陆鸿年等中国画家。白修士1934年秋天建议在辅仁大学举办一次特别的画展：有中国特色的圣诞画。当时在那里展出的画非常受欢迎，很多当场被买走，这使得天主教画派的新风格获得一定的知名度，更为那些画家增添了信心。白修士成为这些基督徒画家的朋友和顾问。

白立鼐修士自己没有写什么著作，留下的只有几篇文章，但他搜集了中国天主教画家的创作，并保存了350多幅画作的照片。"北京天主教画派"总共可能创作了2000幅作品（包括临摹画），原画分散到世界各地，而白修士的画集算是这个画派的规模最大的作品集。"中国天主教画派"的特点在于结合中国传统的表达方式和来自基督教的题材。1949年后，北京的天主教画派没有继续发展，而这个画派在中国也鲜为人知。

白立鼐修士自己画的素描

Kontakt zu den christlichen Malern in Peking gehalten.

Er hat keine eigenen Bücher verfasst, erhalten sind nur einige kurze Artikel von ihm, aber er hat in einer Fotomappe mehr als 350 Bilder dieser neuen Kunstschule gesammelt. Dies ist die umfangreichste Sammlung der „Ars Sacra Pekinensis", deren Produktion auf insgesamt 2000 geschätzt wird, darunter viele Kopien. Der neue Stil der „chinesisch-christlichen Kunst" lag in der Verbindung von traditionell chinesischem Ausdruck und der christlichen Thematik. Die katholische Kunstschule konnte sich nach 1949 nicht weiter entwickeln und ist auch in China selber unbekannt geblieben.

Ebenso unbekannt sind die Aquarelle und Skizzen, die Br. Berchmans in China gemacht hat. Alte Gebäude, Stadttore, Szenen aus der Vorstadt von Beijing, die einfachen Leute auf der Strasse haben ihn zu vielen reizvollen Bildern inspiriert. Die Originale sind im Archiv von St. Gabriel aufbewahrt. In diesem Bildband werden einige der Werke abgedruckt. Sie geben einen Eindruck vom Beijing der 1930er und 1940er. Auffällig ist, dass Br. Berchmans keine Bilder von belebten Strassen in Beijing oder grossartiger Kirchenarchitektur

和水彩画也同样被遗忘。这些画的灵感来自北京的老房子、城门、郊区的景色、路上的人物，原稿保存在奥地利圣佳伯尔会院的档案库。本书呈现其中部分反映 1930 到 1940 年代的北京的画作。值得注意的是：白修士没有画北京的繁华商街或伟大的教堂建筑，他更多重视小小静物的朴素和均衡，他欣赏树木和宅门的美。他自己是一名安静的、非常谦虚的人，因此他的画也表现出他的个人气质：自谦、安静、欣喜、内心的平静，以及在困境中对神的信赖。

hinterlassen hat. Er hatte ein Auge für die schlichte Harmonie der kleinen Dinge, für die Schönheit von Bäumen und Toreingängen. Er war ein Mann der Stille und der Bescheidenheit. Deswegen atmen seine Werke auch den Geist seines ganzen Lebens: Selbstbescheidung, stille Freude, innerer Friede und Gottvertrauen auch in schwerer Zeit.

白立鼐修士在中国西画史上的地位

Br. Berchmans und die Geschichte der westlichen Malerei in China

在利玛窦（1552—1610年）去世时，一位年轻的中国画家，游文辉，画了唯一的被保存下来的利玛窦画像，其中已经体现出一些西方画法的元素。然而，中国第一位比较有名气的"西方画家"是耶稣会修士郎世宁（1688—1766年），他1715年来华，并在北京的宫廷为皇帝服务。他以画马成名，但恰恰在画马方面可以看出，西方的画法在当时的中国失败了：郎世宁没有为自己的新方式找到任何接班人。其中一个原因是传统的中国画法不需要做很多动物身体的观察，不是写实的，而画马却需要仔细看这些动物的结构和身体，所以他的新风格无法继续发展。当然，郎世宁修士也想介绍西方的光

Obwohl schon das einzige erhaltene Bild von Matteo Ricci (1552–1610), das der chinesische Maler You Wenhui nach dem Tod Ricci's 1610 verfertigt hat, von westlicher Malkunst beeinflusst ist, so ist doch der erste bekannte „westliche" Maler in China kein anderer als the Ordensbruder Giuseppe Castiglione SJ (1688–1766), der 1715 nach China kam und am Kaiserhof in Beijing diente. Seine bekanntesten Werke sind die Pferdebilder, die er gemalt hat, aber gerade an ihnen zeigt sich auch, wie das Projekt „westlicher Stil in China" gescheitert ist: er fand keine chinesischen Nachfolger für den neuen Stil den er nach China brachte. Ein Grund dafür war, dass die traditionelle Malkunst keine eingehende Beobachtung der Anatomie von Tieren kannte. Weil aber Pferdebilder sorgfältige Studien der Proportionen und Anatomie der Tiere erfordern, ging es damals mit seiner Kunstrichtung nicht voran. Natürlich wollte er auch die westlichen Licht- und Schatteneffekte in China verbreiten,

影效果和立体感，但当他画乾隆皇帝的脸时，皇帝告诉他说，在皇帝的脸上不可以有任何黑暗之处。因此，当时他必须完全顺从中国传统的画法。

在19世纪初，拿破仑战争结束后又有比较多的传教士来华。耶稣会1815年重建并在1840年代派传教士到上海恢复那里的宗教生活。在徐家（即徐光启，1562—1633）的地产（即"上海徐家汇"）上，耶稣会建立了会院和学校。当时一名助理修士对美术艺术产生了一定的影响：西班牙的范廷佐（1817—1856年）修士于1847年来到上海，在那里设计了董家渡教堂和徐家汇耶稣会的会院和教堂。他在上海还创办了一个作坊，制造各种宗教艺术品，包括木雕、雕塑和绘画，因为当时的大多数教堂缺乏宗教装饰。在他的作坊中，他也教导一些年轻的中国人制作艺术品，尤其是一些徐家汇孤儿院收留的孤儿。其中一个孤儿是陆伯都（1836—

aber als er das Gesicht des Kaisers Qianlong malte, sagte ihm dieser, auf dem kaiserlichen Antlitz dürfe es keine Spur eines Schattens geben. Deswegen mussten die Bilder damals der traditionellen Malweise folgen.

Im 19 Jahrhundert kamen die Missionare nach den Kriegen der napoleonischen Zeit wieder zurück nach China. Der Jesuitenorden war 1815 wieder neu erstanden und sandte in den 1840ern die ersten Missionare nach Shanghai, wo sie das kirchliche Leben wiederherstellten. Auf dem Grundstück der Familie Xu (die Nachfahren des ersten bekannten Konvertiten Xu Guangqi 1562–1633) in Shanghai wurden Konvent und Schulen des Jesuitenordens errichtet, daher hiess dieses grosse Grundstück „Xujiahui" (heute ein bekannter Bezirk in Shanghai). Wieder war es ein Ordensbruder, der auf dem Gebiet der bildenden Künste grossen Einfluss hatte, nämlich der Spanier Joannes Ferrer (1817–1856), der 1847 nach Shanghai kam, wo er die Pläne für die Kirche in Dongjiadu und für den Konvent der Jesuiten in Xujiahui entwarf. Er gründete in Shanghai auch eine Werkstatt für Schnitzkunst und die Produktion von Bildern und Statuen, denn viele Kirchen in China hatten keinen religiösen Schmuck. In seiner Werkstatt unterrichtete er auch junge Chinesen, unter anderem die Waisenkinder, die im

1880年),他成为范廷佐的助手和接班人。陆伯都1852年进入徐汇中学,并成为耶稣会修士。他是上海第一名耶稣会修士,并在范廷佐去世后(1856年)接任他的工作。1864年徐家汇土山湾的画馆正式成立,它前后有近100年的历史,今天成为博物馆。土山湾可称为中国西方美术的摇篮,在这里,有几代画家和艺术家受到良好的培育。

来自上海土山湾学派的重要画家是刘德斋(亦称刘必振,1843—1912年)。他来自常熟(江苏)的天主教家庭,在太平天国时期逃难到上海,在徐家汇受教育,成为耶稣会修士,并从1863年开始在陆伯都的指导下学习中国和西方的画法。随后他成为土山湾画馆的老师,先教学生素描,后教水彩画和油画。他是一位很严谨的老师,与学生一起创作了很多耶稣和圣母的画像。在19世纪末开始研究西方画法的人中有很多是他的学生,比如

katholischen Waisenhaus von Shanghai aufgezogen wurden. Eines von diesen Waisenkindern, Petrus Lu (Lu Bodu, 1836–1880) wurde sein Assistent und Nachfolger in der Kunstwerkstätte. Lu Bodu kam im Jahr 1852 in die Schule von Xujiahui, und er wurde als Ordensbruder bei den Jesuiten aufgenommen. Er war der erste Jesuitenbruder in Shanghai und führte die Arbeit von Br. Ferrer nach dessen Tod (1856) weiter. Im Jahr 1864 wurde die Kunstwerkstätte von Tushanwan (Xujiahui) offiziell gegründet, sie war fast 100 Jahre in Betrieb, und heute ist sie als Museum in Shanghai zu besichtigen. Hier wurden, mehrere Generationen von chinesischen Malern und Skulptoren ausgebildet, es war die Wiege westlicher Kunst in China.

Ein wichtiger katholischer chinesischer Maler aus jener Schule ist Liu Dezhai (auch bekannt als Liu Bizhen, 1843–1912). Er stammte aus einer katholischen Familie in Jiangsu (Changshu) und flüchtete in den 1850er Jahren vor den Wirren der Taiping Rebellion nach Shanghai, wo er in Xujiahui als Ordensbruder ausgebildet wurde und um 1863 bei Lu Bodu chinesische und westliche Maltechniken lernte. Er wurde Lehrer in der Kunstwerkstätte Tushanwan, wo er ausgehend von Skizzenübungen auch Aquarelltechniken und Ölmalerei unterrichtete. Er war bekannt als

"中国第一位水彩画家"徐咏清（1880—1953年）。

另一位来自土山湾画馆的画家是张充仁（1907—1998年），他在国外也有相当大的名气。他曾在上海学习法语，因此有机会去比利时进修（1931—1935年）。张充仁也是天主教徒，他曾在之江大学任教，并在1949年后继续出版他的画集。

上海当时是"西方的城市"，通过港口，使得上海在短时间内从一座小渔村发展成为一座国际大都市。因此，西化的表达方式在这里更容易被接受，这就和华北地区，比如北京有很大的区别。同理，西方的绘画风格和技术需要更长的时间才能进入北京的学校和画廊。北京是中国传统画法的基地，代表性的画家中有一些来自皇家，比如溥雪斋（亦称溥忻，1893—1966年），还有齐白石（1864—1957年）。后者来自湖南，但1919年起在北京定居。

genauer und strenger Lehrer, und zusammen mit seinen Schülern produzierte er viele Bilder von Jesus und Maria. Viele Maler in Shanghai, die im 19. Jahrhundert begannen, sich mit westlicher Maltechnik zu befassen, waren seine Schüler. Einer davon, Xu Yongqing (1880–1953) wurde ein einflussreicher Aquarellmaler, er ist auch bekannt als „der erste Aquarellmaler China's".

Ein anderer Schüler der Tushanwan Kunstschule war Zhang Chongren (1907–1998), der sich auch im Ausland einen Namen machte. Er hatte Gelegenheit zu einem Auslandsstudium in Belgien (1931–1935), wobei ihm seine Französischstudien in Shanghai sehr viel halfen. Zhang, ebenfalls ein Katholik, war lange Professor an der Zhijiang University (Hangzhou) und konnte auch nach 1949 seine Werke publizieren.

Shanghai war als Stadt eine „westliche Gründung", d.h. durch den Hafen wurde ein Fischerdorf in kurzer Zeit zur Weltstadt. Daher waren und sind westliche Ausdrucksformen hier viel mehr akzeptiert als zum Beispiel in Nordchina, in Beijing. Der westliche Malstil und die ausländischen Techniken brauchten in Nordchina viel länger, um sich einen Weg in die Galerien zu bahnen. Beijing war das Revier der traditionellen chinesischen Kunst, und ihre Vertreter waren zum Teil Mitglieder der kaiserlichen Familie, z. B. Pu

北京公教大学（即天主教辅仁大学）是由满族贵族英敛之多年筹备后创办的，从一开始，就重视"国学"的研究。也就是说，在新的时代也要用现代的方式去研究、重视和保存中国历史和中国传统。这种传统在辅仁大学的教学语言方面很明显；与上海的震旦大学不同，辅仁大学的教学语言普遍是汉语，老师们大多是中国人，而震旦的教学语言是法语。

自从辅仁大学正式成立（1925年），爱国就是辅仁的特色，要"以强烈的历史使命感和责任心，积极推进辅仁大学的国学教育走向现代化和国际化"（见柯博识《私立北京辅仁大学 1925—1950》，第95 页）。所谓的"国学"指对中国传统文化（文学、历史、艺术）的研究。曾任辅仁大学多年校长的著名历史学家陈垣先生（1880—1971 年）自己就是"国学"的典型代表人物：他自己不会说外语，但他很愿意和西方人合作并关注中国历

Xuezhai (auch bekannt als Pu Jin) und Qi Baishi (1864–1957), ein Maler aus Hunan, der sich 1919 aber in Beijing niedergelassen hatte.

Die Gründung der katholischen Universität von Beijing (allgemein als Furen Universität bekannt) war von einem Manchu Aristokraten, nämlich von Ying Lianzhi (1866–1926) vorbereitet worden, und von Anfang an waren „Chinastudien" (Guoxue) ganz wichtig, das heisst es sollte auch in der modernen Zeit die chinesische Geschichte und Tradition geschätzt und berücksichtigt werden. Diese Rücksichtnahme schlug sich z. B. in der Unterrichtssprache nieder: Während in der katholischen Aurora Universität in Shanghai die meisten Kurse auf Französisch gegeben wurde, war in der Furen von Anfang an Chinesisch die allgemeine Unterrichtssprache, und viele Lehrer waren Chinesen.

Seit der offiziellen Gründung der Furen (1925) war das patriotische Element sehr im Vordergrund, die Schule sollte daher „die Modernisierung und Internationalisierung der China-Studien vorantreiben" (siehe J. Kuepers, *Sili Beijing Furen daxue 1925–1950*, S. 95). Die sogenannten „China-Studien" (guo xue) waren die Pflege der kulturellen Traditionen (Literatur, Geschichte, Kunst) Chinas. Der langjährige Rektor der Universität, der bekannte Historiker Chen Yuan

史学的现代化。

1931—1948年间领导了辅仁大学美术系的满族贵族溥雪斋（1893—1966年）一方面是国画的权威人物，但在另一方面他必须面对现代的挑战，因为他关于大学教育没有任何概念，比如看台静农（1903—1990年）的回忆录：

"辅大设有美术系，在北平各大学是创举，惟偏于中国美术，不能与北京艺术专科学校相比的。系主任是清皇族溥忻，且有贝子爵位。溥忻字雪斋，与心畬先生兄弟行，同以书画名。当辅大当局与他有了接洽时，先来学校看看，那时我是校长秘书，陪他看了各部门。偶然经过教室廊外，看见学生坐满教室，一人站在台上讲话，他忽然偏过头来问我：'这是干吗的？'可是下学年开始，他也就参加这种生活了。雪斋同心畬一样，是全能的画家，山水、人物、花卉，乃至画马。后来罗马教廷代表刚恒毅主教离华时（即1932年），

(1880–1971) war ein typischer Vertreter dieses Ideals: er selbst sprach keine Fremdsprachen, aber er war an der Zusammenarbeit mit Ausländern und an der Modernisierung der Geschichtsstudien in China interessiert.

Auch der Manchu-Prinz Pu Xuezhai (1893–1966), der die Kunstabteilung von 1931 bis 1948 leitete, war wohl eine anerkannte Autorität auf dem Gebiet der „chinesischen Malerei" (guohua), aber er musste sich auf die moderne Zeit umstellen, wie folgende Anekdote aus der Feder von Tai Jingnong (1903–1990) zeigt:

„Die Gründung der Kunstabteilung an der Furen war eine Neuheit unter den Universitäten Pekings. Sie war ganz auf die chinesische Kunst ausgerichtet und konnte nicht mit den professionellen Kunstakademien der Stadt konkurrieren. Der Abteilungsleiter war der Manchu Prinz Pu Jin, der auch den Namen Pu Xuezhai hat. Zusammen mit seinem Bruder Pu Xinyu (1896–1963) war er bekannt für seine Bilder und Kalligrafien. Als die Leitung der Universität mit ihm Kontakt aufnahm, kam er zuerst zu einem Besuch, um sich die Universität anzusehen. Damals war ich Sekretär des Rektors, und ich begleitete ihn durch die verschiedenen Fakultäten. Als wir durch die langen Korridore gingen, kamen wir an einem Klassenraum vorbei,

学校送他的纪念品便是雪斋画的刚主教像,陈校长题记,介绍画者的家族与其艺术。欧洲人重视艺术,更重视贵族,想刚主教得到这副画像一定以为名贵的。这幅画是中国园林高士的布局,须眉颜色,既然逼真,而神情萧散,又有道气。雪斋同我说:'这幅人像,在他确是创制,要是早年没有学过画马,即不能将人画得有神采,因为中国画没有人体写生,只有学画马要从写生入手。'"(见柯博识《私立北京辅仁大学1925—1950》,第361页。)

溥雪斋的这些话也指出"西方艺术"和现代美术教育在中国的困难。传统的国画没有很多理论,也不需要开什么"理论课",因此溥雪斋一开始都不知道,大学中的"讲课"是什么意思。西方的美术带来很多新的概念,而这些概念在古汉语中都没有名称,所以需要创造一套新的术语,比如"透视"、"视角"、"剖解学"、"比例"、"立体感",等等。

wo die Studenten in dichten Reihen sassen, während vorne ein Mann auf dem Podium sprach. Da wandte sich Pu Xuezhai zu mir und fragte mich: ‚Was tun die denn da' Aber ein Jahr später war er selber auch schon Teil dieses Lehrbetriebs. Pu Xuezhai und sein Bruder waren allround Maler, sie konnten Landschaften, Blumen und Menschen malen, besonders gut aber Pferde. Als später der Vertreter der Kurie, Bischof Costantini China verliess (1932), hat ihm die Universität als Andenken ein Portrait von ihm, das Pu gemalt und der Präsident Chen Yuan signiert hat, geschenkt. Chen Yuan hat noch kurz die adelige Familie des Künstlers und seinen Stil erklärt. Die Europäer achten Kunst und haben noch grösseren Respekt vor dem Adel. Bischof Costantini hat sich beim Anblick des Portraits sicher sehr geehrt gefühlt. Das Bild zeigte den Bischof im Stil eines chinesischen Gelehrten, und die Gesichtspartie war ihm wirklich sehr ähnlich. Es strahlte Würde aus und moralische Autorität (dao qi). Pu Xuezhai sagte mir damals: ‚Dieses Portrait ist wirklich eine neue Kreation, wenn ich nicht in meiner Jugend gelernt hätte, Pferde zu malen, könnte ich jetzt nicht Menschen malen, die lebendig wirken, denn in der chinesischen Malerei gibt es keine Portraits von Menschen, die nach der Natur skizziert werden, und nur beim Malen von Pferden muss

在21世纪的中国,这些概念都有固定的名称,但在20世纪上半叶很多术语尚未定型,比如今天的"透视"当时称"远景"。

白立鼐修士的重要贡献在于这一点:他在山东和北京生活了很长时间,可以向中国学生介绍西方美术的理论和历史。他并没有写教材,但通过他的课程,他协助制定通用美学术语。大多在山东活动过的传教士都能很好地掌握汉语,因此白立鼐也有能力用汉语解释他的美术理论。另一个例子是德国籍圣言会会士柴熙(1902—1993年),他1930年在罗马获得博士学位,此后在山东教修道生拉丁语和哲学,1942年他也在北京辅仁大学任教。他试图用汉语教逻辑学,而他的逻辑学教科书(1943年在北京出版)是这个领域中的重大突破。但当时有很多人说,用汉语教逻辑学是不可能的事,因为汉语没有这方面的术语。和逻辑学(当

man nach der Natur skizzieren…'." (zitiert in J. Kuepers, *Sili Beijing Furen Daxue 1925–1950*, S. 361).

Diese kurze Erinnerung an Pu Xuezhai zeigt die Schwierigkeiten, die die „westliche" Kunst und der Kunstunterricht in China bewältigen musste. Die klassische chinesische Kunst kam ohne Vorlesungen und ohne viel Theorie aus, deswegen wusste Pu Xuezhai anfangs gar nicht, was denn der Sinn einer Vorlesung sein könnte. Mit der westlichen Kunst kamen eine grosse Menge von neuen Begriffen nach China, für die erst die chinesischen Namen gefunden werden mussten, so zum Beispiel „Perspektive" (toushi), „Gesichtspunkt" (shijiao), „Anatomie" (jiepou), „Proportion" (bili), „Plastizität", „Dreidimensionalität" (liti, litigan) usw. Im 21. Jahrhundert sind alle diese neuen chinesischen Begriffe ziemlich eindeutig definiert, aber in der ersten Hälfte des 20. Jahrhunderts gab es für viele Dinge noch keine Namen, so hiess „Perspektive" zum Beispiel „yuanjing" und nicht „toushe" we heute.

Der grosse Beitrag von Br. Berchmans liegt nun darin, dass er lange Jahre in Shandong und in Beijing die Grundprinzipien der Kunst den chinesischen Studenten ans Herz legen konnte. Leider hat er kein Lehrbuch verfasst, aber

时称"理论学")一样，很多其他的新学科，包括美术的种种课程，逐渐进入大学的课堂，成为正规的课程，而辅仁大学在这方面做了很多贡献。在教育史上，1911—1949年这一时期非常重要，因为很多新的学科基本上需要从零建设，比如法学、现代医学、现代文学，等等。很多学科都是把西方的教材翻译成中文，而在这方面白修士可以依靠自己的多年德语课来教授艺术理论。

从溥雪斋的话也可以知道，"画人像"在传统的国画中基本上是不存在的。但白立鼐修士是一名传教士，所以他当然想在中国发展本地的宗教艺术，而基督教的艺术需要画人像，需要画耶稣和圣母玛利亚。如果想结合中国的画法和基督教的题材就需要一些能画人体和人脸的画家。因此，对北京天主教画派来说，陈缘督（1902—1967年，亦称陈路加、陈煦）是最合适的灵魂人物，因为他一方面掌握中国传

er hat durch seine Vorlesungen geholfen, ein gemeinsames Vokabular für das Kunststudium zu schaffen. So wie die meisten Missionare, die lange in Shandong tätig waren, konnte auch er ausgezeichnet Chinesisch und hat versucht, alle Theorien auf Chinesisch zu erklären. Ein anderes Beispiel ist sein Mitbruder P. Albert Czech (1902–1993), ein Deutscher, der nach einem Doktorat in Rom seit 1930 in Shandong Latein und Philosophie unterrichtete; seit 1942 unterrichtete auch er in Beijing an der Furen. Er war dafür bekannt, dass er versuchte Logik auf Chinesisch zu unterrichten, und sein Lehrbuch der Logik (publiziert 1943 in Beijing) war damals ein Durchbruch auf seinem Gebiet. Es gab damals viele Stimmen, die sagten, es wäre unmöglich, Logik auf Chinesisch zu unterrichten, weil ja die Fachausdrücke einfach fehlten. Ähnlich wie die Logik begann sich auch die Theorie der (westlichen) Malerei langsam an den Universitäten als Unterrichtsfach zu etablieren, und die Furen Universität hatte daran einen wichtigen Anteil. Die Zeit von 1911–1949 war eine prägende Zeit im Bereich der Bildung, denn eine grosse Anzahl von Unterrichtsfächern musste praktisch von Null auf erfunden werden: Rechtskunde, moderne Medizin, Literaturwissenschaft, etc. Viele dieser Disziplinen wurden von westlichen Lehrbüchern ins Chinesische

统的画法，但又很早开始画人像，先是观音像，后来是圣母像——因为刚恒毅主教鼓励他画圣母像。陈缘督很勇敢地结合了中国和西方的传统，他1931年成为基督徒（天主教徒），并在1932年成为"中国式的基督教艺术部门"的负责人。陈缘督的新画法成为一个新画派的开端，而这个新画派使得辅仁大学在国际上也占有一席之地。

在这里要简单地介绍一下北京天主教画派的核心人物，即陈缘督、王肃达、陆鸿年和刘彦斌。

陈缘督（1902—1967年）

陈缘督在国外以Lukas Ch'en闻名于世。他来自广东省，1903年（或1902年？）出生于嘉应，17岁来北京，先当印刷工，业余时间画画。不久后，当时北京最有名望的画家金城（号北楼）看到他的作品并收他为徒。1923年陈缘督搬到师傅的家。金城也同样来

übertragen, und Br. Berchmans konnte hier durch seinen langjährigen Deutschunterricht die Kunsttheorie auf seine Sprachkenntnisse gründen.

Aus der Bemerkung von Pu Xuezhai können wir auch erkennen, dass das Porträtieren von Menschen in der klassischen chinesischen Malerei praktisch unbekannt war. Br. Berchmans wollte aber verständlicherweise die christliche Kunst in China entwickeln, die aber ohne Menschenbilder nicht auskommt: Jesus und Maria mussten dargestellt werden. Wenn aber chinesischer Stil sich mit christlichen Motiven verbinden sollte, brauchte es Künstler, die vor Darstellungen von menschlichem Kopf und Körper nicht zurückschreckten. Es war wahrscheinlich ein grosser Glücksfall für die Malschule in Peking, dass der junge Künstler Chen Yuandu (1902–1967, auch bekannt als Lukas Chen oder Chen Xi) zwar in der chinesischen Maltradition aufwuchs, aber sehr früh Portraits malte, zuerst Guanyin, dann viele Madonnen, als Bischof Costantini ihn dazu ermutigte. Dieser mutige Künstler wagte es, westliche und chinesische Traditionen zu verbinden, bekehrte sich 1931 zum Christentum und wurde 1932 zum Leiter der neugegründeten Abteilung für „chinesische christliche Kunst". Damit begann ein neuer Malstil, der die Kunstabteilung der Furen Universität auch

自华南地区。陈缘督的画作在当时已经有了一定的知名度,尤其是参加金北楼创立的艺术协会所举办的画展后。

在1928年的一次画展中,陈缘督画的女性画像和观音像引起了宗座代表刚恒毅主教(Msgr. C. Costantini)的注意。刚恒毅特别关注陈缘督的创作,鼓励陈缘督画圣母像。不久后陈缘督画了一个坐着的圣母,还有一系列其他表达基督教信仰的画。同时陈缘督也不断研究欧洲宗教艺术的著名创作,尤其是刚恒毅主教送给他的意大利文艺复兴时期的作品。

1930年秋天,辅仁大学创立了美术系,而陈缘督成为第四位教师。同时他也在华北学院任教。他继续为刚恒毅主教画画,大多是来自《圣经》的主题。那时国外已经有很多人知道他的名字并注意到他的画。在1932年的圣灵降临节,他接受洗礼并取"路加"为圣名。

在罗马"第三届国际宗教艺术展览会"(1934年)上,

international bekannt machte.

Die wichtigsten Vertreter der neuen Kunstschule seien hier kurz vorgestellt: Chen Yuandu, Wang Suda, Lu Hongnian und Liu Yanbin.

Lukas Chen (1902–1967) hiess eigentlich Chen Xi oder Chen Yuandu. Geboren wurde er 1903 (oder 1902) in Jiaying (Provinz Guangdong). Er war zuerst Arbeiter in einer Druckerei und malte in seiner Freizeit. Der bekannte Pekinger Maler Jin Cheng (auch Jin Beilou) sah seine Bilder und nahm ihn als Schüler an. Im Jahr 1923 wohnte Chen sogar bei seinem Meister. Auch Jin Cheng kam von Südchina. Chen Yuandu errang einen gewissen Bekanntheitsgrad, weil er auch an den Ausstellungen teilnahm, die vom Malkreis Jin Cheng's organisiert wurden.

Bei einer Ausstellung im Jahr 1928 wurde der Vertreter des Vatikans in China, Msgr. Costantini, von mehreren Frauendarstellungen und Guanyin Bildern des jungen Künstlers angezogen. Er kam mit Chen ins Gespräch und ermutigte ihn, Marienbilder zu malen. Bald vollbrachte Chen seine ersten christlichen Bilder: eine sitzende Madonna und eine Reihe anderer Bilder mit christlichen Motiven. Gleichzeitig befasste sich Chen mit europäischer Kunst, besonders mit Bildern der italienischen Renaissance, die Msgr.

陈缘督参与并展示了几幅画。在方济各会1938年在布达佩斯组织的"传教展览会"上，陈也提供了33幅画。

在上海1935年的展览会上，陈缘督首次在中国公开展示自己的创作。从此以后，陈缘督成为一个广受尊敬的大师，他不仅继续进行绘画创作，而且还在大学任教，培养其他有天赋的年轻人，而陈仅仅比他的学生年长10岁而已。陈的大多数作品均署名"陈路加"或者"陈缘督"。在他生命的最后时光，陈缘督很少有机会再画基督教题材的画作了，他最多的作品就是为新中国创作连环画。

王肃达（1911—1963年）

王肃达的祖先18世纪从江苏移民到北京。王肃达1911年生于北京一个大家族。他的祖父母是虔诚的佛教徒，父亲是中医，家族私塾的教师也很重视传统教育。12岁的王肃达已经能画画，并能够应

Costantini ihm gegeben hatte.

Als im Herbst 1930 die Kunstabteilung der Furen Universität gegründet wurde, wurde Chen Yuandu als vierter Lektor angestellt, gleichzeitig unterrichtete er damals auch an einer anderen Akademie in Beijing. Er malte weiterhin christliche Bilder für Msgr. Costantini, und als er zum Pfingstfest 1932 mit der Taufe auch den christlichen Namen „Lukas" empfing, hatte er im Ausland schon einen guten Namen. An der „Dritten Internationalen Religionsausstellung" (1934) in Rom nahm Chen mit einigen Bildern teil, und an der „Missionsausstellung" der Franziskaner in Budapest (1938) war er mit 33 Bildern vertreten. Seit er auch in Shanghai (1935) einige seiner Bilder gezeigt hatte, war er auch in China ein bekannter junger Meister, der ständig weiterproduzierte und an der Universität andere jugendliche Talente in seinem Sinn ausbildete, obwohl er selber nur 10 Jahre älter war als sie. Die meisten seiner Bilder sind mit „Lukas Chen" oder „Chen Yuandu" gezeichnet. In den letzten Jahren seines Lebens hatte Lukas Chen keine Gelegenheit mehr, christliche Bilder zu malen, er verfertigte Propagandamaterial für das neue China.

Die Vorfahren von Wang Suda (1911–1963) waren im 18. Jahrhundert von Jiangsu nach Beijing gekommen. Wang wurde 1911 in Beijing in

亲戚的要求画一些作品了。他16岁进入一个基督新教创办的学院，但是当时他没有继续画画。

王肃达21岁毕业时再次开始创作，并自学很多技巧，不久加入北京艺术协会"湖社"。通过湖社的关系，他的十多幅画作参与国内外的画展，并获得良好的声誉和一定的经济收入。

1933年王肃达因陈缘督的鼓励考入了北京辅仁大学的美术系。1934年，白立鼐修士邀请他为圣诞节画展画一些具有基督教特色的画。那是他第一次画宗教性质的题材。1936年王肃达毕业并在辅仁附中当绘画老师。

1937年圣诞节时他接受洗礼并加入天主教，取"乔治"为圣名。从此他的一切画都是有基督信仰特色的。1939年他应米干（Thomas Megan）主教的邀请在河南新乡主教府创作一系列的有宗教教育作用的画，共35幅。三年后他返回

einen grossen Familienclan hineingeboren. Seine Grosseltern waren strenggläubige Buddhisten. Wang's Vater war Arzt, der die traditionelle chinesische Medizin pflegte. Die Hauslehrer, die die Kinder erzogen, waren auch Vertreter der alten Traditionen. Der zwölfjährige Wang Suda konnte bereits zeichnen und malen, und auf Anfragen der Verwandten verfertigte er einige Bilder. Mit 16 kam er an eine protestantische Schule; sein Hobby, das Zeichnen und Malen, pflegte er aber nicht weiter.

Beim Schulabschluss war er 21 und begann wieder kreativ zu werden und lernte im Eigenstudium viele Techniken. Bald war er beim Kunstverein „Hushe" in Beijing. Durch diesen Verein konnte er bei Ausstellungen auch seine Bilder zeigen, was ihm eine gewisse Bekanntheit und etwas Geld einbrachte. Im Jahr 1933 kam er durch Chen Yuandu als Student an die Kunstabteilung der Furen Universität. Bruder Berchmans ermutigte ihn 1934, an der Weihnachtsausstellung der Schule teilzunehmen. Damals malte er seine ersten christlichen Bilder. Im Jahr 1936 schloss Wang seine Studien ab und wurde Kunstlehrer an der Furen Mittelschule. Zu Weihnacht 1937 wurde er katholischer Christ und liess sich auf den Namen „Georg" taufen. Danach hatten all seine Bilder christliche Motive. 1939

北京。

他的画作大部分署名"王肃达",有时也署名为"王乔治"。

陆鸿年(1914—1989年)

陆鸿年的祖先来自江苏省太仓县。他的祖父和外祖父清朝时均在北京当过高官。他的父亲在民国时期也一样是高官。

陆鸿年1914年生于北京。他这样回顾他的童年:"我们的欧洲友人有时候寄给我们一些贺卡,虽然我当时是个小孩,但也保存了几张基督教的明信片。其中我特别注意到一幅这样的画:耶稣祝福孩子。当时我就问我母亲:'为什么图中没有中国孩子呢?'妈妈说:'耶稣爱所有的人,包括中国人,但这幅画是欧洲人画的,因此这个画家只画欧洲面孔呀。'那时我就说:'我以后要画一些新的画,在我的画上耶稣也会祝福中国的孩子。'"

陆鸿年先在家里上私塾,

folgte er der Einladung von Msgr. Megan und malte eine Serie katechetischer Bilder (35 Stück), wobei er in der bischöflichen Residenz von Megan in Xinxiang (Henan) wohnte. Drei Jahre später war er wieder in Beijing. Seine Bilder sind meistens mit „Wang Suda", aber auch mit „Georg Wang" gezeichnet.

Die Familie von Lu Hongnian (1914–1989) stammt von Taicang (Jiangsu). Seine beiden Grossväter waren hohe Beamte in der Manchu-Regierung in Beijing. Auch sein Vater hatte eine hohe Beamtenstelle. Lu Hongnian wurde 1914 in Beijing geboren. Er erinnert sich so an seine Kindheit: „Unsere europäschen Freunde haben uns manchmal Glückwunschkarten geschickt, und da sah ich als Kind auch schon einige christliche Bilder, die ich aufbewahrte. Ich war besonders angetan von einem Bild, auf dem Jesus die Kinder segnete. Ich fragte meine Mutter: ‚Warum gibt es auf dem Bild keine chinesischen Kinder?' Die Mutter sagte: ‚Jesus liebt alle Menschen, auch die Chinesen, aber der Maler war ein Europäer, daher hat er nur europäische Gesichter gemalt.' Damals sagte ich: ‚Ich will einmal neue Bilder malen, auf denen Jesus auch chinesische Kinder segnet.' "

Lu Hongnian wurde anfangs zuhause unterrichtet, erst später kam er an die offizielle Elementar- und Mittelschule. Schon an der

后来他在新式的小学和中学上课。在上高中期间他参加了一个绘画小组。毕业后，陆鸿年于1933年考入辅仁大学的美术系。1934年秋，他受到白立鼐修士的鼓励并为圣诞节的画展画了第一幅有基督教特色的画。

1936年，陆鸿年毕业并在绘画比赛中获得第一名，此后他成为辅仁附中的绘画老师，兼古物陈列所国画研究所研究员。1944年他成为北京辅仁大学美术系的老师，1945年成为美术系的秘书。他于1950年4月8日加入了天主教并受洗。

当年的一篇报道这样赞扬他："辅仁大学为鸿年崭露头角之基地，亦为造就鸿年一生事业根基的摇篮。时鸿年对壁画饶有兴趣，校中有白教授，系奥地利籍，教授壁画。鸿年固有心人也，常于课外独访白氏诚恳求教，白教授为其讲壁画技法，以及西方壁画的制作方法等，鸿年又多方找寻中国壁画资料悉心钻研。1936年毕

Mittelschule war er bei einem Malkreis. Nach dem Abitur kam er (1933) an die Kunstabteilung der Furen Universität. Im Herbst 1934 wurde er von Br. Berchmans ermutigt, für die Weihnachtsausstellung Bilder mit christlichen Motiven zu malen. Im Jahr 1936 schloss er die Studien ab und errang bei einem Malwettbewerb den ersten Preis. Danach war er Kunstlehrer an der Furen Mittelschule. Er wurde Forscher an der Kunstbilder-abteilung des Nationalmuseums in Bejing. 1944 wurde er Lektor an der Kunstabteilung der Furen Universität, und 1945 wurde er Sekretär der Kunstabteilung, die Taufe empfing er aber erst am 8. April 1950.

Ein Bericht aus jener Zeit beschreibt die Situation so: „Die Furen Universität war der Ort, wo Hongnian sein Talent zeigen konnte, und es war auch die Wiege, wo er die Fundamente für sein weiteres Leben legte. Damals hatte er grosses Interesse für Wandgemälde, und es gab an der Universität einen österreichischen Professor, den Herrn Bai (Berchmans). Hier fand Hongnian einen, der ihn wirklich verstand, und er kam oft nach dem Unterricht zu Br. Berchmans. Sie unterhielten sich lange und eingehend, und Prof. Berchmans erklärte ihm die Technik der Wandmalerei und the Methoden der westlichen Wandmalerei. Hongnian suchte dann

业时，鸿年不但居美术系考试总分之第一名，毕业典礼上，校长陈垣先生当众宣布鸿年为本届毕业生之'状元'。"（见柯博识《私立北京辅仁大学1925—1950年》，第363页）。

刘彦斌（1919—2013年）

在辅仁大学1938年建立女部时，很多女学生来学校学习，其中之一就是刘彦斌（1919—2013年）。她出生在一个天主教家庭，1939年考到辅仁大学美术系，1942年毕业后留校工作。校务长芮歌尼在1949年原本想成立"中国天主教美术研究所"，成员有陈缘督、王肃达、陆鸿年和刘彦斌，但由于一些因素，这个计划无法实现。刘彦斌1954年与当时著名学者张怀教授（1896—1987年）结婚，而他们的儿子张和也成为一位画家。刘彦斌是辅仁大学天主教画派中惟一一位作品较多的女画家。

noch viel chinesisches Material und stellte viele Forschungen an. Beim Studienabschluss hatte er das beste Prüfungsergebnis, und der Rektor Chen Yuan lobte ihn bei der Abschlusszeremonie vor allen Studenten als die ‚Nummer eins' in diesem Jahr." (aus: Kuepers, S. 363).

Als die Furen Universität 1938 die Frauenabteilung gründete, war Liu Yanbin (1919–2013) eine der ersten Studenten. Sie wuchs in einer katholischen Familie auf und kam 1939 an die Kunstabteilung. Nach ihrem Studienabschluss 1942 blieb sie als Assistentin an der Abteilung. Rektor Rigney wollte noch im Jahr 1949 eine Forschungsabteilung für katholische Kunst in China an der Universität gründen, und Liu Yanbin war neben Lukas Chen, Wang Suda und Lu Hongnian eines der Mitglieder dieses Instituts, das sich aber wegen des politischen Wandels nicht entfalten konnte. Liu Yanbin heiratete 1954 Prof. Zhang Huai, und ihr Sohn Zhang He entwickelte später auch sein Talent als Maler. Liu Yanbin war die einzige Frau, die als produktive Künstlerin der christlichen Kunstschule der Furen Universität angehörte.

Br. Berchmans unterrichtete westliche Maltechniken, er hatte aber auch guten Kontakt zu vielen Malern der chinesischen Schule, so half er

白立鼐修士教导学生掌握西方画法，但他也与国画大师保持良好的关系，比如他有一次帮助一名来自山东的年轻画家，傅星伯（1910—1994年），并将他的画介绍给中国最有名的国画大师齐白石（1864—1957年）。这位任"西画组组长"的外国老师与齐白石有良好的关系，真是难能可贵，因为在很多中国大学美术系里，国画和西画泾渭分明。白修士也教很多学生他擅长的水彩画，其中包括张其翼（1915—1968）——他1934年考到辅仁大学美术系。另外，在国内外著名的中国水彩画家关广志（1896—1958）也是他的朋友，还有郑宗鋆（1917—1995）和崔兴廉（亦称崔洁，1924—　）。

根据他的日记，白立鼐修士于1950年3月19日从罗马给他在北京的老朋友在一封信里寄了六张明信片，这六个人是：陈缘督、王肃达、陆鸿年、关广志、郑宗鋆和崔兴廉。这表明他与当时辅仁大学美术系

einmal dem Shandonger Maler Fu Xingbo (1910–1994), indem er dessen Bilder dem bekanntesten chinesischen Künstler des 20. Jahrhunderts, Qi Baishi (1864–1957), empfahl. Dass er als Vertreter und Lehrer der westlichen Kunst so guten Kontakt zu Qi Baishi, der Ikone der chinesischen Kunsttradition hatte, ist ziemlich einzigartig, denn bis heute stehen sich die Lehrer der westlichen und der chinesischen Malerei an den Universitäten Chinas eher abweisend gegenüber. Berchmans konnte seine Aquarelltechnik an mehrere Studenten weitergeben, darunter Zhang Qiyi (1915–1968), der 1934 an die Furen Universität kam. Auch der sehr erfolgreiche chinesische Aquarellmaler Guan Guangzhi (1896–1958) war sein persönlicher Freund, ebenso Zheng Zongjun (1917–1995) und Cui Xinglian (auch bekannt als Cui Jie, 1924–).

Nach einer Tagebucheintragung vom 19. 3. 1950 sandte Br. Berchmans von Rom aus in einem Briefkuvert sechs Postkarten an seine alten Lehrerkollegen in Beijing: an Lukas Chen, Wang Suda, Lu Hongnian, Guan Guangzhi, Zheng Zongjun, und and Cui Xinglian. Das zeigt, wie sehr er der Kunstabteilung in Beijing verbunden war.

Einmal half Br. Berchmans auch, einen Mitbruder zu retten. Nach der japanischen Besetzung (1937) wurde das Leben schwerer in

的同事联系密切。

  白修士也曾帮助拯救一名会士。在1937年日本占领北京后,辅仁大学也受到影响。1939年,辅仁中学的校长伏开鹏神父(1904—2002)失踪。伏神父来自山东,也是圣言会会士,在意大利获得博士学位。他失踪后,人们怀疑他可能在日本人的监狱里,但无法查清。当时白修士直接去监狱,向门卫说,他要伏神父的衣服,要洗,洗完了就还。门卫没有想太多,就把伏神父的衣服给了他。这样会士们就知道,他确实在监狱中,而且在衣服上还有血点,这又证明,伏神父在监狱遭受虐待。因此,会士们通过一名意大利外交官给日本人压力,要求他们释放伏神父,否则要公布他在监狱中受虐待的事。几天后,伏神父获释,并可以继续在辅仁大学任教。①

Beijing. Der chinesische Priester Fu Kaipeng (1904–2002) wurde auf der Strasse verhaftet und verschwand einfach. Er war von Shandong, trat auch in den Steyler Orden ein und konnte Doktoratsstudien in Rom abschliessen. Damals war er der Direktor des Fu Jen Gymnasiums. Als er verschwand gab es Vermutungen, dass er im japanischen Gefängnis in Beijing sei, aber man konnte nichts herausfinden. Damals ging Br. Berchmans einfach zum Gefängnis und forderte vom Torhüter die Kleider von Pater Fu, er sagte, er würde sie waschen und dann wieder zurückbringen. Der Torhüter dachte nicht viel und brachte die Kleider. Damit hatte man nicht nur einen Beweis, wo Pater Fu war, sondern auch, dass er im Gefängnis gefoltert wurde, denn auf seinen Kleidern waren Blutspuren. Durch diplomatischen Druck kam P. Fu bald frei und konnte in den folgenden Jahren an der Universität unterrichten.

---

① 参见韩清平《辅仁大学首位训导长伏开鹏神父小传》,新北市,2016年,第53页。

白立鼐的告别回忆录：从北京到罗马

Erinnerungen an den Abschied:
Von Beijing nach Rom

说明

白立鼐修士没有留下很多著作,但他一直是一个优秀的观察者,并想了解中国人的思想,比如他在 1924 年发表了《中国青年的特点:年轻人的一些想法》(*Steyler Missionsbote* Nov. 1924,第 22—23 页),还写了一些介绍当时山东的教育情况的通训:《戴家庄师范学校的期末考试》(SMB, Nov. 1925,第 22—24 页)《一位中国校长》(SMB, June 1931,第 226—227 页)等。1929 年山东兖州教区的韩宁镐主教在兖州附近的冠庄堡建立了一家麻风病院,而白修士在 1932 年曾撰写《和我们的麻风病人在一起》(SMB, Feb. 1932,第 107—108 页),描写其中的生活。他还曾在德国杂志《基督艺术》上发表了一篇短文,题为"在中国谈论本地化的艺术"(1935/36 年,第 222 页)。

所幸,他 1948—1970 年间的日记被保存下来了,其中最有意思的是他如何描述在北京的最后几天,他如何离开北京(当时的机场在崇文门外),如何飞到上海,又飞到香港和罗马。对他来说,离开北京是一件很难过的事。他离开了他的同事、学生、朋友和会士。他在北京生活和工作了 16 年之久,现在必须离开他所钟爱的北京。然而,他给我们留下的那些绘画作品却继续散发着他对北京人和北京城的细心观察和恳切敬爱。

我在日记的汉译文上加上一些注解来说明白修士所提到的人名。德语的部分改写了汉语名称的拼写。编者注。

Zur Einführung

Br. Berchmans hat nicht sehr viel Schrifttum hinterlassen. Er war jedoch ein guter Beobachter und wollte das Denken der Chinesen verstehen, so schrieb er 1924 einen Artikel mit dem Titel „Zur Kennzeichnung Jung-Chinas, Was sich ein junger Chinesenkopf alles zusammenreimt"(*Steyler Missionsbote* Nov. 1924, 22-23), und andere Kurzberichte beschreiben das Erziehungssystem („Schlussprüfung im Lehrerseminar", *SMB*, Nov. 1925, 22-24), einen chinesischen Lehrer („Ein chinesischer Schulmeister", *SMB* Juni 1931, 226-227). Bischof Henninghaus gründete im Jahr 1929 in der Näehe von Yanzhou eine Leprastation, und Br. Berchmans berichtete 1932 vom Leben dort („Bei unseren Aussätzigen", *SMB*, Feb. 1932, 107-108). In der deutschen Zeitschrift *Die christliche Kunst* veröffentlichte er den kurzen Essay „Äusserungen für einheimische Kunst in China", (1935/36, p. 222).

Seine Tagebücher, die er zwischen 1948 und 1970 geschrieben hat, sind aber erhalten, und darin ist von grossem Interesse, wie er seine Abreise aus China schildert. Er flog nach Shanghai (damals war der Flugplatz südlich vom Chongwenmen), von dort nach Hongkong, und etwas späeter nach Rom. Für ihn war der Abschied von Beijing sehr schwer, denn er liess seine Kollegen, Studenten, Freunde und Mitbrüder zurück. 16 Jahre hatte er in Beijing verbracht, und jetzt musste er seine geliebte Kaiserstadt verlassen. Er hat uns jedoch seine Bilder hinterlassen, die weiterhin seine scharfe Beobachtung und seinen tiefen Respekt vor Beijing und den Menschen in Beijing wiedergeben.

Die Fussnoten für den chinesischen Text erklären die Personennamen. Im deutschen Text wurde die Umschrift der chinesischen Namen z.T. geändert.

1948年12月10日

天气寒冷但晴朗！我去拜访那位制造马槽的唐先生。马德武神父① 陪着我。陈路加教授今天主动说，他很尊敬外国传教士所做的奉献②：他们做很多牺牲，不结婚，始终要做好的榜样；他们离开自己的亲戚和家乡。如果有人因为传教士偶尔吃得比别人好而攻击他们，那是没有道理的。我想，每一个人都会有和陈老师一样的思想，除非他因为憎恨外国人或憎恨宗教而失去判断的能力。

Ein kalter, aber sonniger Tag! Ich habe den Krippenbauer Tang besucht, P. Matthew begleitete mich. Prof. Lukas Chen sagte heute aus eigenem Antriebe, dass er die Opfer, welche die Missionare bringen, indem sie ehelos bleiben, immer bestrebt sind, ein gutes Beispiel zu geben, Heimat und Verwandte verlassen, wohl zu schätzen wisse. Es sei ein Unsinn Missionare anzugreifen, weil sie da und dort vielleicht besser essen als andere. Ich denke, so wie Chen denkt jeder vernünftige Chinese – wenn ihn nicht Fremden- oder Gotteshass blind macht.

---

① 马神父（P. Gregory Matthews，1903—1949年）曾于1934—1949年在辅仁大学任教，1948年任农学院院长，在预防伤寒症方面有很大的贡献。他1949年2月4日在北京去世，墓地原来在北京车公庄栅栏天主教墓园。
② 当时在中国学生和老师中有某种"反外国人"、"反外国传教士"、"反帝国主义"的运动，而在1949年前后有很多外国传教士离开中国。白立鼐属于圣言会，这个修会前后派遣500多名传教士到中国，但二战后有336名圣言会传教士离开中国，其中一位就是白修士。管理辅仁女中和女部的圣神会修女当时也离开中国，大约有200名外国圣神会修女返回欧洲。

1948 年 12 月 12 日

阳光普照，万物安宁！一种告别的气氛笼罩我们所有人。无论你遇到什么人，他都问："您也离开吗？什么时候走？"在我住的楼对面有一座新建设的小教堂，快要竣工。周围的地方都已经清理好，现在还需要刷漆，风格是经常见到的"宫廷风格"。

我已经装好了我的箱子和手提包，并写上了地址。蔡修女[①]来看我，她说学生们计划举办一次画展，并且要自己给自己打分数。陆鸿年和王肃达已经有好几个星期天没见面了。

Hell, sonnig und lind! Und sehr still! Auf uns allen liegt Abschiedsstimmung! Wer immer einem begegnet, fragt: „Gehen Sie auch weg? Wann gehen Sie weg?" Die Pfarrkirche hier, mir gegenüber, geht der Vollendung entgegen. Der Platz ringsherum ist schon sauber, nur mit den Anstreicherarbeiten ist man noch nicht fertig. Die Ausmalung geschieht im üblichen Palaststil.

Sr. Bernwardine [Tschöpe] war hier und sagt, die Schüler planten eine Ausstellung, bei der sie, die Schüler, sich selbst klassifizieren würden. Lu Hongnian und Wang Suda lassen sich schon viele Sonntage nicht mehr sehen.

---

① 蔡修女（Sr. Bernwardine Tschöpe，1905—1957 年），波兰人，圣神会修女，1932 年到甘肃传教，1947 年到辅仁大学，在辅大和辅仁女中任绘画导师。她也于 1949 年回欧洲，1957 年在德国去世。

1948年12月13日

我的学生们心情很好,无论是男学生还是女学生!他们都很热心,虽然从东北能听到大炮声。他们的恐惧使他们变得很温和,他们都拥护我。——在各处有谣言说共产党军队在逼近。恰恰今天有六名会士离开了北京:胡可圣神父①、穆天民神父②、杨森神父③、陶百龄修士④、费修士⑤、鄂修士⑥。下午三点我们听到了激烈的炮火,据说共产党军队已经到了通州,已经快到颐和园。

Der Eifer, die Stimmung meiner Schüler, der Studenten und der Studentinnen, könnte nicht besser sein, trotz – oder gerade wegen des Kanonendonners, der von Nordost gedämpft herüberklingt. Furcht macht zutraulich! Sie stehen alle zu mir. – und das gerade heute, wo 6 Mitbrüder abgefahren sind: PP. Heghmans, Baumgartner, Jansen; Brr. Severin, Benedikt und Elias! Gegen 3 Uhr nachmittag war der Kanonendonner heftig – und man sagt, die „Achter" seien schon in Tongzhou und im Sommerpalast.

---

① 胡可圣(Matthias Heghmans,1912—1977年),德国人,1939年到山东传教,1948年到菲律宾,在菲律宾去世。
② 穆天民神父(P. Joseph Baumgartner,1913—2011年),德国人,圣言会会士,1940—1948年在北京辅仁大学任德语教师。
③ 杨森神父(P. Joseph Jansen,1892—1966年),美国人,圣言会会士,1924年到河南传教,1949年回美国。
④ 陶百龄修士(Br. Severin Tauber,1996—1974年),奥地利人,圣言会会士,1933年到山东,1935—1948年任辅仁大学出版社主任。1974年在奥地利去世。
⑤ 费修士(Br. Benedikt Foltin,1908—1990年),波兰人,圣言会会士,1933年到河南传教,1990年在荷兰去世。
⑥ 鄂修士(Br. Elias Aussersteiner,1902—1998年),奥地利人,圣言会会士,1932年到河南传教,1998年在奥地利去世。

1948 年 12 月 14 日

早上 8 点，我正要去上课，突然院长（芮歌尼）神父① 对我说我必须马上准备出发，9 点半就要到天津。我快速地准备我的东西，来不及和任何人告别。这时有电话过来说，火车不开。因此，放弃吧！我又改去教室，但也无心教学。从今夜以来，我头疼，耳鸣，头晕，感到不舒服。一个人要如此仓促地离开不能有这种身体状况。所有人充满恐惧和困惑。很多军人在城内宿营。敖尔伯修士② 和边懋廪神父③ 今天来到北京了。新教堂草草完工。

Um 8 Uhr früh – eben wollte ich in den Unterricht gehen – da kommt P. Rektor [Rigney] und sagt, ich möchte mich sogleich für die Abfahrt nach Tientsin, um 9.30, bereit machen. In aller Eile, ohne von jemand Abschied zu nehmen, machte ich mich bereit. Da wurde telefonisch gemeldet, dass die Züge nicht verkehren. Also: Abgeblasen! Ich ging in den Unterricht, der aber schon sehr regellos war. Seit heute nachts habe ich zu all der Aufregung noch Ohren- und Kopfschmerzen, bin schwindlig, mir ist unwohl. Eine schlechte Disposition für eine so überstürzte Flucht! Überall Angst und Ratlosigkeit. In der Stadt ist viel Militär einquartiert. Br. Gerebernus und P. Brinkmöller sind in die Stadt gekommen. In aller Eile wurde heute die Kirche eingerichtet.

---

① 芮歌尼神父（P. Harold Rigney，1900—1980 年），美国人，圣言会神父，研究古代脊椎生物学，1937 年获得芝加哥大学博士学位，1937 年到加纳（阿菲利加）任教，1946 年被任命为北京辅仁大学校长，强调辅仁大学的天主教特色，1950 年决定天主教不会继续为辅仁大学提供经费；1951 年 7 月入狱，1955 年 9 月到香港，1959 年到菲律宾圣卡罗斯大学，任校务长；1964 年回美国，1980 年在美国去世。
② 敖尔伯修士（Br. Gerebernus Albers，1900—1983 年），德国人，圣言会会士，1927 年到河南传教，1983 年在荷兰去世。
③ 边懋廪神父（P. Augustin Brinkmoeller，1896—1952 年），德国人，圣言会会士，1927 年到山东传教，1952 年在德国去世。

1948年12月17日

　　昨天我们一年级的学生上午和下午都正常上课。夜里能多次听到爆炸声。早上的弥撒在新的教堂举行。上午能听到炮火声和机关枪，好像来自城门那里。关老师（关广志）很认真地讲课，他的学生也来了。其他的老师和学生都在"庆祝"。

　　Gestern haben wir, 1. Jahrgang, vor- und nachmittags regelmässig Unterricht gehalten. Nachts war der Lärm von Explosionen häufig. Früh Gottesdienst in der neuen Kapelle. Jetzt, vormittags: Artilleriefeuer und Maschinengewehrticken; es scheint von den Stadttoren her zu kommen. Lehrer Guan (Guangzhi) hielt brav Unterricht mit seiner Klasse; die andere Sektion „feiert".

1948年12月18日

奇怪！昨天一直到中午12点还有炮声和机关枪声，但今天夜里和早晨一切平静，这种平静似乎令人感到不安。这几天——直到昨天——我耳朵疼，左边的太阳穴也疼，我有点头晕，但今天我感觉非常好，没有什么病。

发生了什么事呢？战争结束了还是只是暂时停战？我们都非常不安，因为视察员富施公[①]神父12月5日决定了谁要离开，谁要留下。下午我和关广志先生一起拜访马槽的制造者唐先生，要和他一起看看耶稣诞生像。这些雕像很有创意，但在比例上有很多错误，比如手臂和脚的比例有问题。这个工匠应该受一个"专家"的指导。

Seltsam! Gestern Kanonen- und Maschinengewehrlärm bis gegen 12 Uhr mittags – heute nachts und nun, frühmorgens, eine ungewöhnliche, fast unheimliche Stille. Und all die Tage – bis gestern – Schmerzen im Ohr, in der linken Schläfe, Schwindelgefühl – heut aber fühle ich mich ganz gesund.

Was ist los? Macht der Krieg nur eine Atempause – oder ist Friede? In uns allen ist eine grosse Unruhe seit P. Visitator Fuchs am 5. Dezember entschieden hat, wer wegfahren, wer bleiben soll. – Nachmittag ging ich mit Herrn Guan zum Krippenmacher Tang, um die Krippenfiguren zu besehen. Sie sind recht originell, doch in den Proportionen – Arme, Beine… sehr fehlerhaft. An seiner Seite sollte ein „Fachmann" sein.

---

① 富施公（Friedrich Fuchs，1899—1983年），德国人，圣言会神父，1940—1948年指导北京司铎书院，曾任圣言会视察员；1983年在德国去世。

1948年12月19日

夜间明月照耀,一切平安。只有一次很短时间听到在远处的机关枪声。今天天气晴朗,阳光普照。早上神父们祝圣了新建的小教堂,就是在我住的地方的对面。我们听不到任何枪炮声,看来一切平安。昨天我把学生们的画还给他们。头疼和耳鸣消失了。"过一天,过一天来喜乐和痛苦,过一天,过一天喜乐和痛苦又走,它们走到天主那里,向他报告说你如何忍受了喜乐和痛苦。"(宗教歌曲)

城门都关闭着,但在城外有某些动作。同时我能从教堂那里听到一些关于降临节的歌曲——我们都渴望"世上平安"!今天几乎是放假的日子。

我的助手崔兴廉从来没有在主日找我,但今天他来了。他说,如果没有工作,他在家里很难受。他说:"我在这里感到很惊讶!外面的人跑来跑去,不知所作,非常混乱,但在这里却有秩序和平安。"(中国的信徒正好在新的教堂念苦路经文)

Mondhelle, ruhige Nacht; nur kurze Zeit hindurch ein weitentferntes Maschinengewehrfeuer! Und nun ein heller, sonniger Tag. Eben weiht man die neue Kapelle, hier, mir gegenüber, ein. Aller Gefechtslärm schweigt, alles scheint ganz friedlich. Gestern habe ich den Schülern ihre Zeichnungen zurückgegeben. Ohr- und Kopfschmerzen sind weg. „Über Nacht, Über Nacht kommt Freud und Leid – über Nacht, über Nacht da gehen sie beid'; gehen, dem Herrgott zu sagen, wie du sie getragen!"

Während die Stadttore geschlossen sind und vor der Stadt sich etwas vorzubereiten scheint, ertönen aus der nahen Kirche Adventslieder – wir sehnen uns nach dem „Frieden auf Erden"! Heute ist fast schon ein Ferientag.

Da kam, das 1. Mal an einem Sonntag, mein Assistent Cui Xing-lian daher. Er sagt, ohne Arbeit könne er es zu Hause nicht aushalten. „War ich jetzt überrascht, als ich nach hier kam! Draussen überall ein Gerenne, Ratlosigkeit und Durcheinand – hier aber ist Ordnung und Friede." (In der neuen Kapelle beteten die chinesischen Christen eben den Kreuzweg!)

1948年12月22日

昨天偶尔听到了远处的炮火声。夜间一切平安。城内的士兵越来越多，而我们现在最担心的是如何招待这些士兵。今天还说会有1000个士兵要在我们辅仁中学居住。白天一切平安，没有任何人开火。我举行了一年级的考试，让他们用炭笔画一个石膏像，一个人的头。和平常一样，学生们回去时不说一声谢谢。老师们也都这样。我在新教堂的马槽下了很大的功夫，在那里花了很多时间。

Gestern nur ab und zu ein ferner Kanonenschuss. Heut' nachts alles ruhig. Die Soldaten in der Stadt werden immer mehr und die Einquartierungen sind derzeit unsere grösste Sorge. Heute sollten wir auch in der Mittelschule Einquartierungen bekommen und zwar gleich 1000 Mann. Den Tag über war es still – kein Schuss. Ich prüfte meinen 1. Jahrgang – liess einen Gipskopf mit Kohle zeichnen. Die Schüler gehen – wie immer – ohne Dank davon. Die Lehrer nicht besser! Ich habe mir viel mit der neuen Krippe in der neuen Kapelle zu schaffen gemacht.

1948 年 12 月 23 日

昨夜有士兵搬入我们的中学，而在大学第 4 宿舍也有军队的人入宿。我下午 2 点到 4 点举行了最后一项考试：透视学。所有学生都来了，表现得也很好。

In der Nacht auf heute haben sich Truppen in unserer Mittelschule einquartiert, auch im 4. Dormitorium der Universität. Es „wimmelt" nur so von ihnen! Nachmittag von 2-4 Uhr hielt ich die letzte Prüfung – Perspektive. Alle waren vollzählig – und anständig da.

1948年12月24日

　　早上我在新教堂中准备了马槽，结果很出色，出乎预料！此后我装饰了圣诞树，这一切我做得很快，也是出乎预料的。在过去，每年的圣诞节晚上都很热闹！而现在呢？芮歌尼院长扭了脚，很少出门。其他人也很少出来。没有邮件。在我们这里住宿的军队好像已经"解散"，没有纪律约束。但是，一切都很平静，和前一周不同！我们的课程也结束了——所有课程都结束了。我们还能再次开课吗？天逐渐变黑。这是圣诞夜！没有一封来自家里的信！而一切之前的信都已经装好在箱子里。圣诞快乐！

　　Vormittags machte ich die Krippe in der neuen Kapelle fertig – sie fiel über Erwarten gut aus! Dann schmückte ich den Christbaum – und dann war ich auch – auch über Erwarten – schnell mit Allem fertig. Was war das doch in früheren Jahren am Christtagabend für Rummel gewesen! Und jetzt? P. Rektor Rigney hat sich den Fuss verstaucht und ist selten zu sehen; die anderen auch wenig! Post ist keine da. Das bei uns einquartierte Militär scheint „auseinander zu rennen", der Rest von Disziplin schwindet merklich. Trotzdem ist es ganz still – wie anders als vor einer Woche! Der Unterricht ist auch zu Ende – aller Unterricht! Ob je wieder damit begonnen wird? Es wird dunkel. Fünf Uhr. Heilige Nacht! Von zu Hause kein Brief! Und alle früheren Briefe, auch die Mutterls, schon fest in der Kiste verpackt! Weihnacht!

1948年12月25日

昨天晚上我们还在美术系的圣母山那里举行了圣婴游行，此后在新教堂里举行隆重的隆福仪式。非常隆重和壮观！在晚餐时有人唱圣诞福音，此后：安静！我在房间里和过去每年一样点燃一根蜡烛，读《约翰福音》，想念我的母亲、我的兄弟亨利和姐妹们波勒迪、米纳……这个夜晚非常安静。当我早上6点之前走到门前时，我看到什么了呢？一切都是白的！下雪了，而且仍然在下！我在新圣堂的祭坛为三个神父的三个弥撒当副祭，此后早饭，祝大家圣诞快乐！8点大弥撒。我正在听他们唱：请举心向上！

很多人，包括很多中国神父，都与我们保持距离。① "门徒都离开他逃走了。"（马太福音26：56）很奇怪，原来住在这里的士兵大多数昨天傍晚从辅仁中学撤走了。我早上刮胡须并为了招待我的圣诞节客人做一切准备。这时门边有人悄悄敲门。我最没有想到的人来了——郑宗鋆！他很不好意思，甚至有点害怕地进来了，马上从外套口袋里拉出两张贺卡，一张给我，一张给院长神父。不久后他们都来了：刘彦斌、陈路加、陆鸿年、王肃达……还有一些男女学生，最后还有崔兴廉。在美术系的办公室里我们吃了一些饼干，喝了一瓶红葡萄酒，并谈论最近几天所发生的事，一直到中午！这是1948年的圣诞节！在不太平的时代仍然是一个很平安的圣诞节！

---

①当时在辅仁大学的学生中已经有"外国人都是帝国主义的代表"这样的宣传，所以很多人开始远离外国人，以免成为"帝国主义的助手"。

Gestern abends hielten wir noch Krippenprozession zur Grotte im Kunstschulgarten; darnach war feierliche Segensandacht in der neuen Kapelle. Recht feierlich und würdig! Beim Abendessen wurde das Weihnachtsevangelium feierlich gesungen – darnach: Stille! Ich las – wie all die Jahre früher, bei Kerzenschein das Johannesevangelium – dachte an's Mutterl, an Poldi, Minna und Heinrich… dann war eine ganz stille Nacht. Und als ich früh, vor 6 Uhr, ins Freie trat – siehe da! Alles weiss – es hat geschneit und schneit immer noch! Ich ministriere 3 hl. Messen am Hochaltar der neuen Kapelle – dann Frühstück, Glückwünschen! Um 8 Uhr Hochamt. Eben höre ich – man singt: Sursum corda!

Viele, auch chinesische Priester, distanzieren sich von uns. „Da verliessen ihn alle Jünger und flohen" (Matth. 26:56). Ganz merkwürdig: die Mehrzahl der bei uns einquartierten Soldaten hat gestern abends die Mittelschule geräumt. Und als ich mich morgens rasiert und alles zum Empfang meiner Weihnachtsgäste fertig gemacht hatte – da klopfte es bescheiden an meiner Tür; und es kam gerade der, den ich nicht erwartet hatte: Zheng Zongjun! Verlegen, ja ängstlich kam er herein und griff gleich nach den in seiner Manteltasche untergebrachten zwei Weihnachts-Gratulationskarten, für mich eine, für P. Rektor eine… Bald darauf kamen sie alle: Liu Yanbin, Lukas Chen, Lu Hongnian, Wang Suda… einige Schüler und Schülerinnen – und spät auch Cui Xinglian. In der Kanzlei der Kunstschule assen wir Backwerk, tranken eine Flasche Rotwein, gratulierten und besprachen die Ereignisse der letzten Tage, bis Mittag! Weihnacht 1948! Ein merkwürdig friedliches Fest in friedloser Zeit!

1948年12月26日

昨晚我们圣言会会士还在客厅里举办了圣诞节聚会,大家都很高兴和满意。现在,早上9点半还是这样的。下午我骑自行车到飞机场,就是在哈德门(崇文门)那里。在大街上有很多人,平民和军人。此后我去看耶稣会的布润神父,和他一起喝了一杯葡萄酒,与他快乐地聊了半个小时。离开他那里我又到圣神会修女的会院,即"耶稣圣心会院"①,祝修女们"圣诞快乐",就回家了。晚上我们看一个科教片电影。

Gestern abend hielten wir SVDisten noch eine Christbaumfeier im Gastzimmer – froh und zufrieden. So ist's auch jetzt, um 9.30 vormittag noch. Nachmittag fuhr ich per Rad zum Flugplatz bei Hadamen. Die Hauptstrassen wimmelten von Männern, Civilisten und Militär. Hierauf besuchte ich P. Brun, S.J., trank mit ihm ein Gläschen Wein und verlebte dort ein frohes, halbes Stündchen. Von ihm zu den S.Sp.S. Schwestern im Herz Jesu Kloster – wünschte dort „Frohe Weihnacht" und dann wieder heim. Abends wurde ein Lehrfilm gezeigt.

---

① 圣神会的修女们1938年以来管理辅仁大学女部,同时负责"辅仁女中"。他们的中学和会院在"太平仓胡同"(西城区,平安里)。

1948年12月27日

我今天看学生们的考卷。人们已经不太怕战争,他们都希望战争很快能结束。① 我们收不到任何邮件,从天津或跑马场那里也都没有信。昨天陆鸿年来,他抱怨那位……的表现很不礼貌。我想,对一个中国传教士来说,礼貌和慈祥的态度都是非常重要的,尤其在北京这里!

Ich habe die Prüfungsarbeiten durchgesehn. Die Kriegsangst ist schon sehr gering, man hofft auf baldiges Ende der Kämpfe. Post kommt von nirgendher, auch nicht über Tientsin oder Baumatschang. Lu Hung-nien klagte gestern über das unhöfliche Benehmen des… Höflichkeit und Freundlichkeit sind ganz wesentliche Erfordernisse für einen Chinamissionar, besonders hier in Peking!

---

① 当时傅作义正派张东荪等人与共产党方面进行谈判,北京1949年1月底被和平接管,但白修士1月9日就离开北京了。

1948年12月28日

今天我交了考卷和我的评分表。下午我去探访奥地利的耶稣会会士。城内仍然有很多士兵,但仍然很安静,气氛几乎很和平:没有嘈杂声,没有吵闹声,看来没有什么恐惧或不安。路上很少有女性,但男人非常多。

Heute habe ich die Zensuren abgegeben und nachmittags die österreichischen Jesuiten besucht. Immer noch wimmelt es in der Stadt von Militär, trotzdem aber ist es ruhig, fast friedlich: kein Lärm, kein Geschrei, scheinbar keine Angst oder Aufregung. Frauen sind sehr wenige auf der Strasse – umso mehr Männer.

1948年12月29日

很多天以来我们没有电。因此，所有没有连接到发电机的人，包括我在内，都必须用油灯。这让我的眼睛感到疼痛和疲惫。因此，我很早去休息，夜晚因此变得很长，因为我们6点才起床。这样我经常头痛。现在又有很多人在我们辅仁附中住宿。中午有一个学生来，即宋国英[①]，还有校报的记者。宋说，为了向所有老师恭祝新年，他们（学生们）要在美术系的教室里举行一次聚会。我坚决反对这种建议。宋问我：你为什么那么生气？他也很不高兴，就走了。他肯定怀着什么不利的计划！

Seit vielen Tagen haben wir keinen elektrischen Strom mehr. Darum müssen alle, die nicht an den Hausstrom angeschlossen sind, wie ich, Petroleum brennen. Das schmerzt und ermüdet rasch die Augen. Darum gehe ich schon sehr früh zu Bett – darum wird aber auch die Nacht zu lange; denn wir stehen erst um 6 Uhr auf. Das gibt dann häufig Kopfschmerzen. In unserer Mittelschule ist wieder viel einquartiert. – Da kam gegen Mittag der Student Sung Kuo-ying mit dem Zeitungsschreiber und sagte: Um den Lehrern in aller Form Neujahr wünschen zu können, wollten sie in den Zimmern der Kunstschule eine Versammlung abhalten – die Schüler. Ich lehnte das ganz entschieden ab. Warum ich so gereizt sei, frug Sung – und ging ärgerlich davon. Er plant Böses!

---

① 宋国英1944年来辅仁大学美术系，学国画。

1948 年 12 月 30 日

正如我预测的那样，陈路加（陈缘督）今天是来找我。他先邀请我，此后说他支持宋国英的要求。他提出的几个理由是：学生们已经寄出了祝贺活动的邀请函，并已经为他们的"协会"付了"会费"，因此也需要做一点什么。我针对这些说法这样回答："在没有得到用房间的许可之前就不能发出邀请函。学校收不到这些'会费'，因此没有义务提供什么房间。"因为我坚决地拒绝了这次聚会，陈老师悻悻而归。如果我同意他们的要求，那么学生们将成为美术系的主人吧。

Wie ich gedacht, kam heute Prof. Lukas Chen. Nach einer gewissen neutralen Einladung befürwortete er das Anliegen Sungs. Unter den Gründen, die er angibt, ist auch der, dass die Einladungen für die geplante Feier bereits ausgesandt seien und dass die Schüler für ihren „Verein" bereits Beiträge zahlen – dafür müsste auch etwas gemacht werden. Darauf ich: „Die Einladungen durften nicht ausgesandt werden, bevor die Räume bewilligt sind! Die Beiträge bekommt die Schule ja nicht und hat darum keine Pflicht Räume zu geben." Recht unwilling, ja unhöflich ging Chen fort – weil ich mich mit der Versammlung durchaus nicht einverstanden erklärte. Würde ich zustimmen, die Schüler machten sich zum Herrn der Kunstschule.

1948 年 12 月 31 日

除夕！晚上 8 点，在简短的祈祷后我们会士在客厅里聚会，气氛很冷清。现在我又一个人在我的房间里。北京现在是一个四面被围困的城市。城内的军人越来越多，他们的住宿问题越来越麻烦。但是战争？这是战争吗？一天听不到一个枪声！北京将遭绝粮的命运吗？没有人知道将来的事，也没有人敢说将来会发生什么。昨天夜间又下雪了，但不多。这已经是第三次下雪！1948 年结束了！为一切喜乐和困难，感谢天主！

Silvester! Abends 8 Uhr nach einer kurzen Abendandacht eine ganz nüchterne Zusammenkunft im Gastzimmer – und jetzt wieder allein im stillen Stübchen hier. Wir sind in einer von allen Seiten eingeschlossenen Stadt. Immer zahlreicher wird das Militär, immer lästiger werden die Einquartierungen. Aber Krieg? Den ganzen Tag über fällt kein Schuss! wird die stadt ausgehungert? Niemand weiss das zu sagen, niemand wagt zu sagen, was noch kommen könnte. In der Nach auf heute hat es wieder, aber nur leicht, geschneit. Das dritte Mal in diesem Winter! Das Jahr 1948 ist zu Ende! Gott Dank für Freud und Leid!

1949年1月1日

新年！但是并没有新年的气氛，天气不太好，是阴天，一切都很安静。听说中国的总统（蒋介石）宣布他渴望和平，并准备下台。两个学生来，他们祝我新年好，又通知我说院长神父（芮歌尼）允许他们用某某教室举行祝贺新年的活动。我本来不想参与这个活动，但仍然去他们所说的那个教室看看。我以为所有的系的学生都要在那里集合。在那个教室的门外站着校报的记者，他姓刘。他强迫我进去。我一进去便感到非常惊讶：这里只有美术系的学生和老师！在前面主席台坐的有陈缘督，还有其他的老师：启功、陆鸿年、陆和九、刘彦斌。我上去也坐在他们旁边。那个校报的人讲开幕词，此后有陈路加讲话，后来我讲，接着是陆鸿年。另外还有两名陌生的客人来了。后来大家吃点饼干，喝茶，最终我们在校门前合影。这一切好像是某人巧妙安排的——大概是校报的记者。在合影后，我走了，但学生和其他的老师又回到那个教室去。

Das Neue Jahr! Ohne jede besondere Feierlichkeit begann es. Es ist trüb und still. Der Reichspräsident soll seine Bereitwilligkeit zum Frieden und zur Abdankung ausgesprochen haben. Zwei Schüler kamen Neujahr zu wünschen und teilten mir mit, dass der Rektor ihnen ein Zimmer zur Neujahrsfeier freigegeben habe. Ohne die Absicht, an der Feier teilzunehmen, ging ich zu dem bezeichneten Zimmer; ich meinte, dort würden die Schüler aller Abteilungen zusammenkommen. An der Tür dieses Zimmers stand der Zeitungsschreiber Liu. Er nötigte mich einzutreten. Wie war ich erstaunt, darin nur Lehrer und Schüler der Kunstschule zu finden! Obenan, am Vorsitzendentisch, sass Lukas Chen, dann die Lehrer Qi Gong, Lu Hongnian, Lu Hejiu, Liu Yanbin. Ich setzte mich dazu. – Die Versammlung eröffnete der Zeitungsmann mit einer Ansprache; dann sprach Lukas Chen, sprach ich, sprach Lu Hongnian. Auch zwei fremde, unbekannte Gäste waren gekommen. Es wurde Backwerk gegessen und Tee getrunken und schliesslich wurden wir alle vor der Uni-Pforte fotografiert – das Ganze schien nicht mit rechten Dingen zuzugehen, der Zeitungsmann schien der heimliche Veranstalter des Ganzen zu sein. Nach dem Photographieren ging ich weg – die Schüler aber und einige Lehrer kehrten ins Zimmer zurück.

1949年1月3日

昨天,星期日下午,我和陆鸿年和郑志(郑宗鋆)一起去崔兴廉的家。他和他的父母很热心地接待了我们。崔给我们看他画的画和素描作品。我们可以以他为荣!他盛情邀请我们在他那里吃晚饭。天黑了我才骑自行车回家:外面很冷,风很大,而且我车上没有灯。回家后我感觉到很快乐,也感到身体很好。也许我经常患头痛是因为我们烧的煤气有问题,或因为我读的书太多?因为一旦我去外面,就不头痛!但是左边的耳鸣看来没有希望,一直不好。

徐思本神父[①]要我给他两张护照照片,他笑着对我说:"这是准备去山东的。"陶百龄修士从上海写信说:"在这里不如北京,各方面都不如北京。"北京非常安静。战争结束了吗?学校的寒假班开始。我获得了批准,校方允许我在工作日开两个教室,并在两个教室里生炉子,这样学生们可以在那里画画。

战争?一些人说很快要签和平条约,另一些人说"有不可调和的冲突",又有人说外面准备一次"决定性的交战",第四种人说,北京面临绝粮迫使投降,等等。但是围困我们的人仍然提供水和电!这是什么意思?英语的《北京日报》[②]停刊。

[①]徐思本神父(P. Peter Huengsberg, 1909—1976年),德国人,圣言会会士,1940—1949年任北京辅仁大学德语教师和副总务长,1951年入狱,1972年到澳大利亚,1976年在澳大利亚去世。
[②]英语的《北京日报》(The Peking Chronicle)是外国人在北京办的报纸,和一切其他的外国期刊一样被关闭。

Gestern, Sonntag Nachmittag, war ich mit Lu Hongnian und Zheng Zhi (Cheng Dj) bei Cui Xinglian. Dieser und seine Eltern bewirteten uns sehr freundlich. Cui zeigte seine Bilder und Zeichnungen. Wir können uns mit ihm sehen lassen! Gegen Verabredung nötigte er uns dann zum Abendessen. Schon war es dunkle Nacht, da fuhr ich bei grosser Kälte und mit Gegenwind und ohne Licht beim – fror tüchtig! Doch daheim angekommen war ich fröhlich und gesund wie selten. Ob nicht der häufige Kopfschmerz vom Kohlengas und vielen Lesen herkommt? Denn sobald ich ins Freie komm sind die Schmerzen geringer! Das linke Ohr freilich scheint rettungslos krank zu sein.

P. Hüngsberg wollte heute zwei Passfotos von mir – für eine „Shandongreise", wie er blinzelnd – lächelnd sagte. Br. Severin schreibt aus Shanghai: „Hier ist es in jeder Beziehung schlechter als in Peking." Es ist merkwürdig still. Ist der Krieg eingeschlafen? Die Schule beginnt mit Ferienkursen. Ich habe die Bewilligung eingeholt, an Wochentagen 2 Klassenzimmer offen zu lassen und für beide ein Ofenfeuer zu unterhalten, damit die Schüler dort arbeiten können.

Krieg? Die einen sprechen vom baldigen Friedensschluss, die anderen von „unversöhnbaren Gegensätzen", wieder andere sagen, ein „Hauptschlag" werde vorbereitet; die vierten sagen, man wolle Beijing aushungern, u.s.f. Dabei versorgen die Belagerer die Belagerten mit elektrischem Strom und mit Wasser! Wer soll sich da auskennen? – Die „Peking Chronicle" erscheint nicht mehr!

1949年1月6日

主显节①！一个非常安静的节庆。上午我去看关老师，下午我骑自行车到前门，晚上在我们客厅看一个电影。我们听不到战争的声音，天津那里也没有消息。

我们生活在一个被围困的城市，但周围的一切处于平静的状态，虽然有1000多士兵住在我们学校内！没有什么令人恐惧的消息，没有听说有盗窃行为，没有人被杀或自杀。早晨和晚上我在我的房间里能听到附近的新教堂唱的中文圣歌，比如"耶稣，我的信仰赞美你"，"圣母，我要永远爱你"，等等。这让人深深地感觉到神的保护和信仰的力量？

Heilige Drei Könige! Ein ganz stiller Festtag. Vormittags besuchte ich Lehrer Guan, nachmittags machte ich eine Radtour zum Qian-men. Abends gabs einen Film im Gastzimmer. Vom Krieg ist nichts zu hören – auch nicht von Tientsin.

Wir sind in einer belagerten Stadt – und dennoch: rings um uns ist Friede – obwohl mehr als 1000 Soldaten bei uns einquartiert sind! Keine alarmierenden Nachrichten, man hört nichts von Diebstahl, Mord oder Selbstmord – dagegen schallen morgens und abends aus der nahen, neuen Kapelle fromme, chinesische Lieder zu mir in meine stille Stube herüber: „Jesu Herz, Dich preist mein Glaube", „Maria zu lieben ist allzeit mein Sinn"… und andere. Spürt man da nicht den Schutz Gottes und die Macht des Glaubens?

---

①天主教的"主显节"是"三王来朝"的节日。

1949年1月7日

我们从9点到12点举行"绘画练习"课。一年级来了3个男生和1个女生,二年级来了2个人。我规定下午没有课,但是一个叫李宽明①的学生反对我,他说他必须画画,如果他不画画他不能活,他不愿意一直睡觉;我不可以禁止学生工作,他说出类似的话,不愿意离开教室。从济南府传来的消息说欧洲人都必须离开该城市。

Wir haben also heute von 9 bis 12 Uhr „Übungsstunden" gehalten. Es kamen 3 Schüler und 1 Schülerin vom ersten, 2 Schüler vom zweiten Jahrgang. Da ich aber festsetzte, dass nachmittags kein Unterricht sei, kam der Schüler Liu Kuanming und trotzte: er könne nicht leben ohne zu zeichnen; er könne doch nicht immer schlafen; ich könnte den Schülern doch das Arbeiten nicht verbieten – so und ähnlich sprach er und wollte durchaus nicht das Zimmer verlassen. – Aus Tsinanfu kommt die Nachricht, dass man die Europäer ausweist.

---

① 根据辅仁大学的学生名单,李宽明1947年入美术系,当时算二年级的学生。

1949年1月8日

今天有人通知我，我应该准备明天飞到上海，这真是完全出乎预料的事。我告诉关老师这个消息。我们下午到机场，一方面要买机票，一方面要给我的箱子办托运。一个女助教，孙克拉拉[①]，也陪同我。——"没有什么希望还能留下！"只有我的助手，李成铎[②]，很感动，他说他想起一次在教堂的布道，当时说："我们的家乡是天上！"

Ganz unerwartet wird mir heute mitgeteilt, ich solle mich für die morgige Abreise nach Shanghai fertig machen. Ich teilte das Herrn Guan mit. Nachmittags fuhren wir zum Flugplatz, um Fahrkarten zu kaufen und das Gepäck aufzugeben. Eine Assistentin, Clara Suin, fährt auch mit.

"Kein leiser Wunsch zu bleiben!" Nur mein Diener, Li Chen-duo, ist gerührt und sagt, er denke an eine Predigt, bei der gesagt wurde, dass unsere eigentliche Heimat der Himmel sei!

---

① 孙克拉拉（Clara Suin）可能是孙志莪，即1946年入辅仁大学美术系的女学生。她可能是南方人，所以父母要她飞到上海。白修士的日记没有更多关于她的记载，孙女士可能是学生或老师，日记只称她为 Assistentin，可译为"助教"或"助手"。
② "李成铎"是根据 Li Chen-duo 翻译的，关于李先生也没有更多信息；他显然是一名天主教徒。

1949年1月9日

我早上9点要准备离开辅仁大学。来和我告别的老师包括陈路加、陆鸿年、郑宗鋆、崔兴廉、王肃达。最后还有关老师和刘彦斌女士。还好，飞机延误到11点，所以我可以换衣服，同时作最后的准备。老师们和我的助手老李很亲切地和我告别。刘彦斌和崔兴廉还带来了一些礼物。我们都感到很难受！还有一些学生也来到我们的车库，但李宽明没有来！

我们11点出发，车里还有芮歌尼院长、盖筏士修士[1]和徐思本神父。我们先到旅游公司的办公室，在那里需要等到11:30。后来有人说，飞机15:00才来。因此我们开车到达梅斯先生那里[2]，在那里一直等待到15:00，又到办公室那里，此后坐旅游公司的巴士到天坛附近的机场。大约15:45我们乘中国航空公司[3]的飞机起飞。天气非常好：晴朗、寒冷、无风！

在飞机里[4]：我们已经飞了一个多小时。我们好像在一个车间，在一个有很多机器的房子。感觉不到是在飞。始终能听到嗡嗡声，整个飞机有轻微的颠簸。在飞机里的人们可以读书，可以写字。里面很热，太热。有很浓的汽油味。没有人说话，那么大的噪音，说话也无法听清。也看不到什么风景，除了黄昏日落之外。窗户很小、脏，而且乘客背着窗户而坐。[5]我坐在靠近驾驶员的那排。我们这40个乘客中有很多小孩。我内心感恩，感谢上主，回忆起今天我的同事、老师、学生、老李和门房的老田如此亲

---

[1] 盖修士（Br. Kephas Spee，1897—1979年），德国人，圣言会会士，1937-1949年任北京辅仁大学会计，参加并建立辅仁大学音乐队，吹大号，1949年6月到香港，后在日本、台湾任会计，在德国去世。
[2] 关于达梅斯（Dammers）先生没有更多信息，大概是住在机场附近的德国人。
[3] 中国航空公司（China National Aviation Corporation, CNAC）最早1929年由美国人创立，在抗日战争中保持与外国的联系，战后已经有当时很先进的飞机。
[4] 根据白修士的描述可以知道他当时是第一次坐飞机。
[5] 乘客"背着窗户"意味着这架飞机是军用飞机，但白修士没有坐过任何飞机，所以可能没有注意到。

切地向我告别,还有徐思本神父、盖修士和我们的厨师。我在北京认识那么多非常忠诚的中国人,我会不会在别处再次遇到这么诚恳的人呢?——我们离北京越远,政治变化带来的不安和焦虑越少。

我没有想到这次旅途会如此平安!我们确实有上主的祝福!没有风!我们现在大概飞过山东,我原来的家乡!——下午6点我们在青岛降落。降落也比我所想的顺利多了。上飞机时,每个乘客获得了一个纸袋(备用呕吐袋),但根据我所看到的,没有人用它。一些人却在青岛买了水果放入纸袋。20分钟后我们继续飞,天已经完全黑了。现在飞机里越来越冷,非常冷,很难受!晚上9点我们到达上海。没有人接我们,但因为有孙女士陪同,我们很顺利地通过查护照的海关和查行李的地方。我们租了一辆车,不久后到达圣言会的账房①。在那里我吃了简单的晚饭,此后被带到一个房间去休息。那个房间里有很多行李箱,而且我在那里还发现沉睡的陶百龄修士和顾礼贝②修士。我心情很好,因为这次飞行很顺利,我在一张折叠床上入睡。

---

① 圣言会在上海的账房是在巨鹿路709号(善道堂),这是一个大的楼房,但因为很多会士从内地聚集到那里,地方仍然不够。
② 顾礼贝修士(Br. Heribert Gruber, 1885—1952年),奥地利人,圣言会会士,1921年到山东传教,曾在兖州当牙医,1949年回国,1952年在奥地利去世。

Um 9 Uhr früh sollte ich zur Abfahrt bereit sein. Es kamen die Lehrer Lukas Chen, Lu Hongnian, Zheng Zongjun, Cui Xinglian, Wang Suda; zuletzt noch Herr Guan und Frl. Liu Yanbin. Zum Glück wurde die Abfahrt auf 11 Uhr verschoben, so dass ich mich noch umziehen und die letzten Reisevorbereitungen zur Not treffen konnte. Der Abschied von den Lehrern und meinem Diener Lao Li war herzlich. Liu Yanbin und Cui Xinglian hatten auch Geschenke mitgebracht. Es war uns allen schwer ums Herz! Auch einige Schüler kamen zur Autogarage – nicht aber Li Kuanming!

Dann ging's los – mit P. Rektor Rigney, Br. Kephas und P. Hüngsberg zum Reisebureau. Dort mussten wir bis 11.30 warten. Es kam die Nachricht, dass das Flugzeug erst um 15 Uhr kommen werde. So fuhren wir denn erst zu Herrn Dammers, warteten dort bis 15 Uhr; dann wieder zum Bureau und dann mit dem Bus des Bureaus zum Flugplatz beim Himmeltempel. Gegen 15.45 flogen wir mit Flugzeug CNAC ab. Das Wetter war prächtig: klar, kalt, kein Wind!

Im Flugzeug: Nun fliegen wir schon über eine Stunde. Es ist, als wären wir in einem Maschinenhaus, einer Motorenhalle. Man merkt nichts vom Flug, nichts von einer Fortbewegung. Immer nur ein Brummen, Sausen, leichtes Zittern des Flugzeugs; man kann schreiben, lesen; es ist stark geheizt, überheizt; starker Benzingeruch; niemand spricht – man würde auch nichts hören bei dem Motorengeräusch. Aussicht ist keine – es sei denn auf die eben untergehende Sonne. Die Fenster sind klein, schmutzig und im Rücken der Passagiere. Ich bin der Führerkabine am nächsten. Wir sind 40 Fahrgäste, darunter viele Kinder. Dankbar denke ich an Gott, an den ungemein herzlichen Abschied von den Lehrerkollegen und Schülern und von Lao Li, meinem Zimmerdiener und von

Lao Tian, dem Schuldiener – von P. Hüngsberg und Br. Kephas und den Köchen. Ob ich so treue Menschen, wie ich sie in Peking unter den Chinesen fand, noch wiederfinden werde? – Je weiter wir von Peking wegkommen, umso mehr schwindet das beklemmende Gefühl der Unsicherheit der politischen Lage.

So ruhig habe ich mir die Fahrt nicht vorgestellt! Wir haben aber auch Gottes Segen! Kein Wind! Jetzt sind wir wohl über dem alten Shandong! – Um 18 Uhr landeten wir in Tsingtao (Qingdao). Auch das Landen ging bedeutend besser als gedacht. Die Papiertüten, die wir erhalten hatten (zum Aufnehmen des Mageninhalts!) wurden, soweit ich sah, bisher von niemand benützt – wohl aber von einigen mit frischem Shandongobst gefüllt. – Nach 20 Minuten Aufenthalt ging es weiter – es war stockdunkel schon. Im Flugzeug wurde es kalt, kälter, empfindlich kalt! Um 21 Uhr waren wir in Shanghai. Niemand holte uns ab – aber Dank meiner chinesischen Begleiterin ging Pass- und Gepäckkontrolle schnell und glatt vorbei. Wir mieteten ein Auto und waren bald bei der Steyler Prokur. Ich wurde dort nach einem kleinen Abendessen in einem Zimmer, wo ich hinter Koffern, Kisten und Mehlsäcken die Brüder Heribert und Severin schlafend fand, untergebracht. Prächtig gut gelaunt über die gutgelungene Luftfahrt schlief ich auf einem Feldbett ein.

1949年1月10日

早上，在吃早饭时，我和很多圣言会会士见面，有田耕莘① 枢机主教、濮登博② 主教、何方济③ 主教、倪嘉乐④ 区会长……但下午我们就必须搬到徐家汇，到耶稣会的地方，因为在圣言会那里还要等待一些地位很高的客人。因此费锦标⑤ 修士、包嘉德⑥ 修士、鄂修士⑦ 和我就去了徐家汇。

Morgens, beim Frühstück, Vorstellung bei allen SVDisten: Card. Tien, Erzbischof Buddenbrock, Bischof Hoowarts, Regional Eisl… Pater…, Br….. Aber schon nachmittags mussten wir nach Zikawei, zu den Jesuiten, übersiedeln. Wir: Br. Benedikt, Elias, Baumgartner und ich – denn in der Prokur wurden weitere und höhere Gäste erwartet.

---

①田耕莘枢机主教（Thomas Cardinal Tian，1890 —1967 年），山东人，1918 年为司铎，1931 年入圣言会，1934 年为阳谷的监牧，1942 年为青岛主教，1946 年为北京总主教和枢机主教，1949 年到香港，1950 年到美国，1959 年成为台北总主教，1967 年在嘉义去世。

②濮登博主教（Bp. Theodor Buddenbrock，1878 —1959 年），德国人，圣言会会士，1905 年到山东，1922 年到甘肃传教，1925 年成为兰州教区的主教，1951 年入狱，1953 年离开中国，1959 年在德国去世。

③何方济主教（Bp. Franz Hoowarts，1878 —1954 年），德国人，圣言会会士，1905 年到山东，1935 年成为菏泽主教，1951 年回德国，1954 年在荷兰去世。

④倪嘉乐神父（P. Karl Eisl，1900 —1964 年），奥地利人，圣言会会士，1929 年到山东传教，1936 —1953 年在山东戴家庄，1954 年回奥地利，1964 年在奥地利去世。

⑤费锦标修士（Br. Benedict Jacobus Schneider，1910 —1982 年），德国人，圣言会会士，木匠，1934 年到河南信阳传教，1942 年到北京，1951 年到菲律宾，1982 年在菲律宾去世。

⑥包嘉德修士（Br. Benignus Baumgartner，1898 —1985 年），瑞士人，圣言会会士，1928 年到甘肃传教，1931 —1947 年在山东，大多时间在沂水王庄，1949 年后到瑞士，1985 年在德国去世。

⑦鄂修士（Br. Elias Aussersteiner，1902 —1998 年），奥地利人，圣言会会士，1934 —1948 年在河南信阳地区传教，1949 —1995 年在罗马，1998 年在奥地利去世。

1949年1月14日

在徐家汇的耶稣会那里我们分到了单人房间，但都很冷，在4楼！寒冷，潮湿，太冷！我喉咙疼，吐痰，咳嗽，感到很冷。我每天出去到城里，用散步来取暖，但左脚不久就感到很累，走路很困难。我经常回到账房找顾修士，在他那里至少暖和一点。

Bei den Jesuiten in Zikawei erhielten wir zwar Einzelzimmer – doch eiskalte im 4. Stock! Kalt, feuchtkalt, eiskalt! Halsschmerzen, Verschleimung, Husten, Frieren – und wenn ich hinausgehe in die Stadt, um warm zu werden, ist das linke Bein bald müd und fällt das Gehen schwer. Öfter ging ich in die Prokur zu Br. Heribert. Dort ist's wenigstens warm.

1949年1月16日

今天，星期日，一些年老的和患病的传教士来到上海，他们很快要去欧洲，其中有卢德福① 修士、华德胜② 神父、刘慕德③ 神父、万宾来④ 蒙席。一部分人住在圣言会那里，另一部分人住在徐家汇。我坐在这里写信，身上穿着棉裤、两个毛衣、一个外套，还有内衣、会衣、裤子，披上了一张被子，而仍然感到冷。窗边的冰一直不融化。李宝勤⑤ 修士带给我们一些欢乐。据说，明天我们的总会长卡本堡⑥ 要来！

Heute, Sonntag, kamen alte und kranke Missionare (die demnächst nach Europa fahren sollen) hier an: Br. Rudolf Pötter, PP. Kaschel und Bruns, Msgr. Karl Weber. Einige wohnen in der Prokur, einige hier. Ich sitze hier in einer Wattehose, 2 Wollwesten, einem Winterrock, Unterwäsche, Talar, Hose – habe eine Wattedecke umgehängt – und friere doch noch – und schreibe. Das Eis an den Fenstern taut nicht auf. Br. Linold bringt Heiterkeit in dies unser Leben. Morgen soll P. Generalsuperior Kappenberg kommen!

---

① 卢德福修士（Br. Rudolph Poetter，1872—1952年），德国人，圣言会会士，1898年到山东，在兖州和济宁行医，任医学老师，1949年回欧洲，1952年在荷兰去世。
② 华德胜神父（P. Alfred Kaschel，1876—1955年），德国人，圣言会会士，1902年到山东传教，大多时间在蒙阴，1949年回德国，1955年在荷兰去世。
③ 刘慕德神父（P. Wilhelm Bruns，1877—1967年），德国人，圣言会会士，1904年到山东传教，1949年回德国，1969年在荷兰去世。
④ 万宾来（Bp. Karl Weber，1886—1970年），德国人，圣言会会士，1911年来山东传教，1937年被提名为山东临沂教区的主教，1938年被祝圣为主教，在建立临沂教区方面贡献很大，1954年离开中国，1970年在德国去世。
⑤ 李宝勤修士（Br. Linoldus Ahrendt，1894—1968年），德国人，圣言会会士，1921年到山东传教，1925—1949年在戴家庄任厨师、鞋匠和司机。1949年到荷兰，在那里去世。
⑥ 卡本堡（P. Alois Grosse-Kappenberg，1890—1957年），德国人，神父，1947—1957年间任圣言会总会长。

1949年1月17日

总会长真来了,1月18日来我们这里,到徐家汇。我上次见他的照片时想他是一位年老的、无力的人,但他并不是这样的:他身材高挑,很有力气,眼睛炯炯有神,但很和蔼。我站在他进来的门边,他也马上走过来,和每个人握手,而当我问他"您还认识我吗?"时,他就很亲切地回答:"那当然!"此后他大约讲了一个小时,向我们报告现在的情况以及圣言会在纳粹时期的遭遇。他还说他将会做一次演讲,要讲更多,也要和每个人个别谈话。

Und er kam auch – und am 18.1. auch zu uns nach Zikawei. Nach der zuletzt von ihm gesehenen Photographie zu schliessen, erwartete ich einen müden Greis zu sehen. Wurde aber angenehm enttäuscht: es war ein ungewöhnlich hoher, gerader, kräftiger Herr mit frischem, freundlichen Blick. Zufällig stand ich an der Tür, durch die er eintrat. Gleich ging er auf uns zu und reichte uns die Hand – und als ich ihn fragte: „Kennen Sie mich noch?", da sagte er freundlich und bestimmt: „Aber freilich!" Etwa eine Stunde lang sprach er dann über dies und das, über die Lage der SVD in der Nazizeit und in der jetzigen. Er versprach, in einem Vortrag noch mehr zu erzählen und dann auch mit jedem von uns einzeln zu sprechen.

1949年1月20日

上午我和费锦标修士一起去了外滩,而中午所有圣言会会士都当了耶稣会会院的客人。——现在的温度好一些,我们的衣服也更适合,而且已经开始习惯上海的气候。人们都说北京政权很快要更换,这是毫无疑问的事实。很多耶稣会会士也从北京来上海了。——阴天、冷、潮湿,这是上海的冬天!生活呢?人山人海!

Vormittag war ich mit Br. Benedikt „Am Bund" und mittags waren alle SVDisten Gäste der Jesuiten. – Die Kälte ist erträglicher, wir sind auch schon besser gekleidet und das Klima Shanghai's etwas gewöhnt. Der Fall Pekings wird, fast mit Sicherheit erwartet. Auch die Jesuiten haben viele der ihren nach hier gebracht. – Trüb, feuchtkalt – das ist Shanghai's Winterklima! Und das Leben hier? Es wimmelt von Menschen!

1949年1月23日

星期天！我已经从北京飞到上海 14 天了。据说国民军都从北京撤退了，而共产党进入城内；大概是这样的。耶稣会已经把他们的修道生大多带到上海了。耶稣会的雷（Reiterer）神父也来这里了。温度上升，在外面穿冬天的衣服已经太热，但在房间里仍然很冷。现在有 33 名圣言会会士住在徐家汇。总会长神父还没有决定我们的将来。到现在他还在和主教们和区会长一起讨论。下午 4 点大家在帐房吃点心，这是为了尊敬总会长。此后总会长介绍了圣言会的情况和需要：第一，关心年轻人入会！很少有人想入会，尤其辅理修士很少。第二，经济情况，以前我们的经济来源是印刷品，但现在这些收入远远不够。那些散发杂志的修士也很少。第三，修会的精神生活很重要！个别人很缺乏这种精神。如果我们的修会精神好，我们会获得主的协助。在第一点后，总会长谈论我们创始人和福若瑟神父两个人的真福品过程。好像福若瑟有希望成为真福品。① 在第三点后，总会长谈论我们各地的传教区。到处都要求派更多的传教士，如果把几百个人派到海外，那也是微不足道的。

由于纳粹党的迫害，圣言会缺少 1000 名司铎。总而言之，我们修会的传教区有很大的跨度，而现在需要为那么多传教区提供足够多以及好的传教士，需要激励更多人，争取新的合作人士。

---

① 圣言会的创始人扬生（P. Arnold Janssen，1837—1909 年）和福若瑟（Joseph Freinademetz，1852—1908 年）于 1975 年一起被册奉为教会的真福（blessed），于 2003 年被宣布为圣人（saint）。这种过程在英语称 beatification process 和 canonization process，是较长的顺序，因为需要提供很多资料来证明某人的生活可以算为基督徒的典范。

Sonntag! Vor 14 Tagen flog ich von Peking fort! Man sagt, die Regierungstruppen hätten die Stadt verlassen – und die Roten sind dann – wahrscheinlich – eingezogen. Die Jesuiten haben viele ihrer Studenten nach hier gebracht – auch P. Reiterer S.J. ist gekommen. Die Kälte lässt nach – schon wird's im Freien in den Winterkleidern zu warm. Noch nicht im Zimmer. 33 SVDisten sind nun bei den Jesuiten. Über unsere Zukunft hat P. General noch nicht entschieden. Bisher hielt er nur Konferenzen mit Bischöfen und Regionalen. Um 16 Uhr gab's in der Prokur zu Ehren P. Generals eine festliche Jause. Darnach gab P. General einen Überblick über Anliegen und Stand der SVD. Anliegen: 1. Sorge um den Nachwuchs! Er ist spärlich, namentlich im Bruderstande. 2. Finanzen: Früher waren die Einnahmen aus der Druckerei die besten gewesen; nun seien sie kaum für die Erhaltung des Personals ausreichend. Reisebrüder seien keine mehr da. 3. Sorge um den regulären Geist! Er liesse in einigen Fällen wesentlich zu wünschen übrig. Nur wenn der Ordensgeist gut ist, dürfen wir auf Gottes Hilfe rechnen! – Nach Punkt 1 sprach P. General über die Seligsprechungs – Angelegenheit des sel. P. Stifters und P. Freinademetz. Letztere stände besser als erstere. Nach Punkt 3 gab er einen Überblick über unsere Missionen. Von überall her käme der Ruf nach mehr Missionaren; einige Hundert derselben würden so schnell abgehen wie ein Tropfen Wasser auf heissem Stein.

Durch die Nazi-periode hätte die SVD an die 1000 Priester weniger. Alles in allem: Die Missionen unserer Gesellschaft sind erstaunlich weit ausgedehnt – und es ist nun die grosse Sorge, sie mit genügenden und guten Missionaren zu versorgen und zu erhalten – bzw. die Leute für sie zu begeistern und neue Mitarbeiter zu gewinnen.

1949年1月29日

今天是中国春节，但我几乎忘记了它！几天前，陶百龄修士离开上海，到美国去，而患病的顾礼贝要求有一个新的同屋，但李宝勤修士不可以住那里——他打呼噜。因此，我昨天把我的所有箱子从徐家汇用公交车和黄包车运到我们帐房！上海的交通太可怕！需要等很长时间，上下车需要争夺一个座位，车里那么拥挤！路上的交通那么危险！有汽车、洋车、自行车、行人，始终很危险！而在路上还有一些玩耍的孩子，他们都不关心周围的情况！早晨我给主教们当副祭……此后呢？我将来应该去哪里？再过几天我就能知道吧。

北京的新政府和俄罗斯签订一些条约，又制定新的货币，还规定一切机构需要登记自己有多少外汇。对教会的机构来说，这会有什么后果？北京政权已经更换，而现在大家很关心上海和全中国[1]。而如果整个中国周围的"铁幕"被拉紧，传教士还能出来吗？这些问题是我们每天发愁的！总会长要很快离开，他担心他也被封锁在中国。我已经传给他一些文献，比如史瓦森堡医生的诊断（黏膜炎，腓神经麻痹），来帮助他做决定。现在我等待他的决定。总会长也患病（也许他太累或身体不好？），所以他不接见任何人。

---

[1] 上海 1949 年 5 月更替政权。

Heute ist Chinesisch Neujahr! Kaum habe ich daran gedacht! Nachdem Br. Severin nach Amerika abgefahren war, verlangte der kranke Br. Heribert nach einem neuen Zimmergenossen; Br. Linoldus kann es nicht sein – er schnarcht zu stark. Drum habe ich mir gestern alle meine Sachen von Zikawei herüber zur Prokur geholt – in Strassenbahn und Rikscha. Was bin ich doch schon in den letzten Tagen mit Strassenbahn hin- und her-gefahren! Dieser jämmerliche Verkehr! Das lange Warten, der Kampf um das Hinein- und Herauskommen in und aus den Wagen, das Gedränge drinnen! Und der Strassenverkehr! Dieses Hasten – Autos, Rikschas, Fahrräder, Fussgänger – diese ständigen lebensgefährlichen Situationen! Dazwischen: unbekümmert spielende Kinder!! … Früh ministriere ich den Bischöfen… dann…? Nun, was dann, das werden die nächsten Tage zeigen.

Die neue Regierung in Peking schliesst Verträge mit Russland, führt eine neue Währung ein und befiehlt die Angabe des ausländischen Geldes. Wie wird sich das für die Missionen auswirken? Kaum ist die Sache mit Peking zu Ende, da fürchtet man schon für Shanghai und ganz China. Und wenn sich „der eiserne Vorhang" um ganz China schliesst – wird da das Leben, die Ausreise für Missionare noch möglich sein? Das sind Sorgen, die uns alle bewegen! P. General will uns bald verlassen, um nicht hier in China eingeschlossen zu werden. Ich habe ihm schriftlich bekannt gegeben, was ihm bei meiner ferneren Verwendung und Bestimmung von Wichtigkeit sein könnte – bisherige Verwendung, das ärztliche Gutachten Dr. Schwarzenburgs (Alter Jutonkatharrh, Peroneuslähmung) und warte nun auf seinen Entscheid. P. General ist krank – marod oder übermüdet? –empfängt keine Besuche.

1949年2月5日

今天商格理神父过了他的发愿50周年。① 在他举行的弥撒大祭,我当副祭并带着香炉。② 在这里有很多新的人来,又有很多人离开上海,人来人往不断。我从来没有经历过这种长期"谈话聊天",因为会士们坐在一起,等待,谈论他们可能被派遣到欧洲、美洲、马尼拉或香港。③ 他们很少谈论中国的政治情况。我们没有什么来自北京的消息。上海的电车轨道司机和公交司机经常罢工。昨天北京的电报来了:马德武神父因心脏病突发而去世。④ 我们都觉得很奇怪。这里有韩备功神父⑤、南同礼神父⑥、李若望神父⑦、葛纶普神父⑧……那么多人的故事,他们每个人的命运奇妙地和别人的命运联接到一起,但经常无头绪,无法理解!错觉、真相、神父、修士——这是传教士的生活!昨天海耶克先生还谈到陶诗礼修士!⑨ 总会长的病情不太好,他已经有几天没有参与弥撒,医生每天来看他。

---

①商格理神父(P. Joseph Stangier,1872—1953年),德国人,圣言会会士,1899年到山东传教,在华服务50年,1953年去世。
②在天主教的隆重弥撒礼仪中有"用香炉"的传统,即在一个用小链子悬挂的小器皿里烧一些香料。
③那些离开中国的会士需要新的工作地区,而这种决定是总会长作的,被称为"派遣"。很多原来在中国传教的人士被派遣到其他地区,尤其是菲律宾、日本和美州,1957年后有几位被派遣到台湾地区。
④马德武神父(P.Gregory Matthews,1903—1949年),1934—1949年在辅仁大学任教,1948年任农学院院长,在预防伤寒症方面有很大的贡献。他1949年2月4日在北京去世,当时才46岁;其墓原来在北京车公庄外栅栏天主教墓园。
⑤韩备功神父(P. Johann Hebekeuser,1883—1962年),德国人,圣言会会士,1909年到山东传教,1949年回欧洲,1962年在荷兰去世。
⑥南同礼神父(P. Josef Natter,1904—1988年),奥地利人,圣言会会士,1935年到山东传教,曾在戴家庄和兖州的修道院任教,1950年到菲律宾,1988年在奥地利去世。
⑦李若望神父(P. Johann Blick,1878—1957年),德国人,圣言会会士,1903年到山东传教,曾在金乡、单县、定陶、阳谷、兖州冠庄堡等地传教,并翻译很多书,比如《圣人德标》(12卷)介绍天主教的圣人;他1949年回德国,1957年在荷兰去世。
⑧葛纶普神父(P. Ludwig Golomb,1892—1972年),德国人,圣言会会士,生于波兰地区,1922年到甘肃传教,1923—1934年在新疆伊宁地区、1934—1939年在乌鲁木齐,1940年到山东,1949年回德国,在瑞士进行人类学研究。
⑨陶诗礼修士(Br. Liberius Teuschl,1896—1950年?),奥地利人,圣言会会士,1930年到山东传教,曾在青岛、菏泽工作,1939年在青岛离开修会。

Heute feierte P. Stangier hier sein 50-jähriges Ordensjubiläum. Während seines Hochamts schwang ich das Rauchfass! Es ist ein ständiges Kommen und Gehen hier in Br. Heriberts Zimmer. Noch nie hörte ich ein so andauerndes „Verreden" der Zeit. Die Besucher sprechen über ihre vermutliche Bestimmung für Europa, Amerika, Manila, Hongkong…; von den politischen Ereignissen ist kaum die Rede. Von Peking kommt keine Nachricht. Oft streiken die Strassenbahner und Omnibusfahrer hier. – Gestern kam ein Telegramm aus Peking: P. Matthews an Herzschlag gestorben! Wir, die wir ihn kennen, wundern uns darüber! P. Hebekeuser, Natter, Blick, Golomb…. Wieviele Menschenschicksale – verworren wie ein Knäuel Wolle! Irrtum, Wahrheit, Priester, Brüder – Missionsleben! Gestern sprach Herr Heyeck über Br. Liberius Teuschl! Die Krankheit P. Generals hat sich verschlimmert; schon einige Tage liest er keine hl. Messe mehr und lässt den Doktor kommen.

1949年2月8日

晚上海耶克建筑师请我们两个人,即郑国光神父① 和我,到他家吃饭。

Abends waren wir, P. Schneider und ich, Gast bei Architekt Heyeck.

---

①郑国光神父(P. Matthias Schneider,1910—1998年),德国人,1939年到山东传教,1944年到上海巨鹿路709号,1948—1953年照顾圣言会在上海的帐房,曾到罗马任教,1968年回德国,1998年在德国去世。

1949年2月11日

上午下雪了，但雪很快就融化了。总会长又恢复了健康。下午我和总会长一个人谈话。他说我应该尽快到香港。如果我无法及时拿到香港的入境许可，而共产党已经逼近上海，我就应该先飞到广州或台湾，并在那里等待香港的入境许可。在香港有我们的中学（职业高中），他们需要我这样的老师。在奥地利的修院目前没有地方需要我，因此我应该到香港。香港的主教说，从北京话转到广州话不太难。我也不需要学习太多英语，只掌握一些日常用语就可以。如果有可能，总会长还会尽可能早派遣我回到北京去。但我应该先在香港试试工作。如果实在不行，还会找另一个出路。

Vormittags schneite es tüchtig; doch der Schnee schmolz bald. P. General ist wieder gesund. Nachmittag hatte ich Ratio bei P. General. Er sagte, ich solle sobald als möglich nach Hongkong reisen. Sollte die Einreisebewilligung auf sich warten lassen und die Roten früher kommen, so möge ich nach Kanton oder Formosa fliegen und dort die Einreisebewilligung abwarten. In Hongkong würde ich auf der Mittelschule (Industrieschule) verwendet werden. In Österreich, St. Gabriel oder St. Rupert gebe es für mich keine entsprechende Arbeit. Der Bischof von Hongkong hätte versichert, dass das Umlernen von Peking- auf Hongkong-dialekt nicht schwer sei. Englisch brauche ich nur soviel als zum Hausgebrauch gehört. Sobald als möglich würde ich wieder nach Peking kommen. Ich solle es halt in Hongkong versuchen; geht's nicht, so werde man nach einem anderen Weg suchen.

1949年1月12日

总会长今天和我们告别；他要飞到马尼拉。我去徐家汇要为陶贺神父① 写几行字，在他的弥撒经本首页写题词。很难，拉丁语文献，而且只能用严格规定的格式。我的字风格不够好。同时我也在英国领事馆申请去香港的许可。他们说两周后会给我答复。

Heute früh nahm P. General Abschied von uns; fliegt nach Manila. Ich fuhr nach Zikawei, um dem P. Tauch eine Widmung ins Missale zu schreiben. Eine heikle Arbeit! Lateinischer Text, streng vorgeschriebene Form! Ein Fehler – und schon ist alles unschön! Und meine Schrift ist weder schön noch flott genug. Habe auch am englischen Konsulat um eine Einreisebewilligung nach Hongkong nachgesucht. Man wolle mir nach 2 Wochen Antwort geben.

---

① 陶贺神父（P. Alois Tauch，1909—1987年），德国人，生于波兰，1935年到山东传教，1948年夏天与修道生一起从兖州到上海，1952年回德国，1954年到台湾北港，1957年到高雄，1962年到嘉义，后在台湾南部传教，1987年在台湾去世。

1949 年 2 月 15 日

昨天 27 名圣言会会士从青岛来这里，包括两个不久前从戴家庄、兖州府出发的会士。

Gestern kamen von Qingdao 27 SVDisten, darunter auch 2 Patres, die von Daijia, Yanzhoufu erst vor kurzem abgefahren sind.

1949年2月19日

会士们关心的是他们的出入境许可证，到意大利的签证，到法国、马尼拉，经过巴基斯坦和伊朗，到美国和经过美国……需要警方的签证，需要疫苗证明，需要确认坐哪条船，哪个航班……会士们从早到晚都谈论这些事，他们去公安局，又到领事处……无论是神父或修士，都来我的房间：李宝勤修士、纪壁南修士①、福光洽修士②、鄂修士、费修士。昨天我带鄂修士到公安局，到疫苗处，又到法国领事处。今天我带顾礼贝修士和鄂修士到玛利亚医院和帕斯托中心。两天前报纸上有这样的消息：在北京的辅仁大学有一个"运动"，有16名教授提出了8点，其中提出一些批评，基本上都反对辅仁大学的管理方式。我想在辅仁大学应该很早有人想说出这些问题。

Ein- und Ausreisebewilligung, Visa nach Italien, Frankreich, Manila, über Pakistan und Iran, nach und durch Amerika; Polizeivisum, Impfzeugnis, Abfahrt wann, mit welchem Schiff oder Flugzeug… diese Dinge bespricht man von früh bis spät. Geht zur Polizei, zum Konsulat… Zum Zimmer kommen Patres, kommen Brüder: Linold, Krispin, Flodobert, Elias, Benedikt. Gestern war ich mit Br. Elias bei der Polizei, bei der Impfstelle und im französischen Konsulat; heute mit Br. Heribert und Elias im Marienspital und Pasteur-Institut. – Vor 2 Tagen brachte die Zeitung eine Notiz über ein „Movement" an der Fu Jen, 8 Punkte von 16 Professoren, die alle gegen die „Fu Jen" gerichtet sind! Was da geschrieben war, das gärte schon lange in der Universität!

---

① 纪壁南修士（Br. Crispinus Meyer，1893—1974年），德国人，1926年到山东传教，曾在王庄、青岛等地服务，1949年回德国，1974年在荷兰去世。
② 福光洽修士（Br. Flodobert Mrugalla，1892—1967年），德国人，在波兰出生，1929年到山东当建筑师，1949年回欧洲，1967年在德国去世。

1949年2月26日

有人来，有人走，而每天都是阴天。那个飞到罗马的团体从加尔各答还写信给我们。有20名会士从青岛来，而另一批坐船到比利时。从闵行（徐家汇）也有一些人来这里，包括孔广布神父①。20多名会士准备乘船走。他们需要领取护照、疫苗证和警方的签证。我自己的签证昨天来了，我可以去香港！从北京来的消息：马德武神父并非死于非命。到1月中旬没有什么大的变动。共产党进入北京，但居民有点失望，因为物价飞涨。

Ein Kommen und Gehen und trübes, trübes Wetter. Die Partie, die per Flugzeug nach Rom abging, hat von Kalkutta aus geschrieben. Von Qingdao kamen gegen 20 Mitbrüder – eine Partie ging nach Belgien ab. Von Min-Hang kamen auch einige, darunter P. Heinrich Kappenberg; mehr als 20 rüsten für die Abreise per Schiff. Pässe, Impfscheine, Polizeivisa holen! Mein Einreisevisum für Hongkong ist gestern angekommen! Nachricht aus Peking: „P. Matthew ist doch eines natürlichen Todes gestorben! Bis Mitte Jänner nichts Besonderes los. Die Roten in Peking nicht gerne gesehn. Man ist enttäuscht, denn die Preise steigen."

---

① 孔广布神父（Heinrich Grosse-Kappenberg，1884—1952年），德国人，1912年到山东，1914—1925年在济宁中西中学任教，1930—1940年在兖州大修道院任教，任兖州保禄印书馆主任和《白话报》的主编，1938年他因病切除一只脚；1949年到上海，中风，1952年在荷兰的医院去世。

1949年3月5日

又是阴天,天气湿冷。明天我们很多回欧洲的会士要乘"瑞纳"号轮船出发。"瑞纳"应该早已经要出发,昨天已经要登船,但这条船还没有到上海呢,一拖再拖。

Wieder ein trüber, kalter Tag. Morgen soll das Schiff „Rena" mit den „Heimkehrern" abgehen. Seit vorgestern erwartet man die „Rena" – gestern schon sollten die Passagiere auf's Schiff, dessen Ankunft aber immer wieder hinausgeschoben wird.

1949年3月8日

　　船终于到了！早上7：45他们都上船了，26名会士！我们用一个汽车和两个小巴将他们送到港口，他们有那么多行李箱！告别的过程并不是很亲切的，包括我的同屋顾礼贝修士并没有很亲切向我告别。下午我还到港口那里，想再次见到船只和我们的会士，但他们都已经走了，什么也看不到。

　　Nun endlich! Um 7.45 sind sie alle abgereist, 26 Personen! In einem Personenauto, 2 Omnibussen, mit einer Unmenge von Koffern und Taschen! Herzlich war der Abschied nicht, selbst nicht von meinem Zimmergenossen, Br. Heribert. Nachmittags fuhr ich zum Hafen, um die Abfahrenden und ihr Schiff nocht zu sehen – sie waren bereits fort!

1949年3月10日

现在我单独一个人住在我的房间里。天气仍然阴冷、潮湿。没有北京的消息。南京面临围攻,听说上海也快了。我们的楼很安静,也很干净,和前几天形成很大的对比——原来那么脏,那么乱!今天英国领事馆说,我可以领取到香港的旅游签证。

Bin nun allein und einsam in meiner Stube. Das Wetter ist kalt, trüb und feucht. Von Peking kommt keine Nachricht. Nanjing ist in Gefahr, man meint, auch bald Shanghai. In unserm Haus ist's wieder still und rein. Welch ein Gegensatz zu den Tagen vorher, dem Schmutz und Durcheinander! Heute kam vom englischen Konsulat die Nachricht, dass mein Reisevisum für Hongkong abgeholt werden könne.

1949年3月12日

昨天我获得了香港签证，付了17400金元①。6000个金元值一美元！签证有效期三个月。我还需要办警方的签证。飞机上的座位已经定了，大概我会3月14日飞走。来自北京的消息说，欧洲人不得在北京开车，如果不带护照不可以离开北京。据说各国的领事馆和使馆的抗议没有用。神父们如果有火车票可以离开北京，但不可带走任何东西。有一个消息说，一些女学生把仁爱会修女从她们创办的学校驱逐出去。

Gestern erhielt ich für 17400 chin. Dollar mein Reisevisum. 6000 chin. Dollar sind 1 amerik. Dollar! Der Pass ist gültig für 3 Monate. Noch fehlt mir das Polizeivisum. Der Platz im Flugzeug ist bereits bestellt; voraussichtlich fliege ich am 14. März ab. Aus Peking erfahren wir, dass dort Europäer kein Auto fahren, ohne Pass die Stadt nicht verlassen dürfen; dass die Konsulate dort nichts zu sagen hätten; dass Priester, ohne etwas mitzunehmen, die Stadt verlassen dürften, wenn sie aus Peking herauskommen könnten; dass Mädeln die „Barmherzigen Schwestern" aus der Schule vertrieben haben.

---

① 中国北洋政府1914年规定"银币"为全国货币，1935年国民政府改为"法币"，而1948年8月的币制改革推出了"金元"，但膨胀速度很快。

1949 年 3 月 14 日

在 3 月 13 日已经宣布,因为天气不好,飞机航班的起飞日期延误到 3 月 15 日。我还去探访海耶克先生,并向修士们说再见。

Schon am 13. März war die Nachricht gekommen, dass die Fahrt wegen schlechtem Flugwetter auf den 15. 3. Verschoben ist. Ich besuchte noch Architekt Heyeck und nahm von den Brüdern Abschied.

1949年3月15日

　　早上4点，谷瑞岐神父①叫醒我。院长神父郑国光举行弥撒。我当副祭，领受圣体。此后我和院长神父一起到机场。阴天，路面湿滑——这是上海天气。我们的机场！听说虽然天气不好，还是要飞。很多乘客已经到了。再次要填表，行李托运，检查。郑神父很忠实地帮助我。现在他回去了——他如此值得信赖，多好的人，如此亲切！有人检查疫苗证，安检时有人摸摸我们身体有没有武器。终于可以进入飞机。里面很优雅，很舒服；机内明亮，座位都是软软的。乘客和空姐都举止优雅得体。7点45分我们起飞，外面仍然阴冷，但逐渐变得晴朗，最后我们飞在云彩之上——一切都是亮的！每一个人获得今天的报纸，此后得到一个精美包装的饭盒：一种酱、三明治、甜点、几块巧克力，最后还有咖啡。一切都很安静，机器平稳地发出嗡嗡声。每个人都有一点棉花，可以塞到耳朵里……

　　我心里充满感恩，想到"上面"的事，也回忆过去的事。在灿烂的阳光中再没有人担心在香港降落的事。在飞机上好像没有一个人感到害怕。——当我们最后离开这个世界时，我们也应该失去一切恐惧！但愿如此，但愿上主给我们这种恩典！在飞行的时候也有人报告说，我们现在在什么位置，高度多少。飞机中也有英语的和汉语的杂志。再次检查护照——有语言沟通困难。大约在中午我们通过云彩空隙看到了地面一个优美的山谷，一条河。稍后我们见到一个山顶。暖的、潮湿的空气流入飞机内。我们已经在香港，而降落也很顺利。我在下降过程中也没有不舒服的感受，别人也一样。再次经过护照检查，此后我面对最大的问题：我怎么去"坚道16号"？我不知道航空公司的公交车本来可以送我到那里。我突然被要求说粤语和英语——沟通不了！一个出租车要35港元，但我只有15块

---

① 谷瑞岐神父（P. Paul Kubischok，1903—1972年），德国人，生于波兰，1933年到山东戴家庄传教，1947—1950年在上海，1951—1953年入狱主，1953年到德国，1972年在德国去世。

（这等于 3 美元）。我也并不知道"坚道"在海岛上（即在香港岛上），而去那里必须乘渡轮。还好，两个小男孩回答了我的问题，带我到渡轮，和我一起渡过去，租了个车。这样我们三个人一起来到"坚道 16 号"。我很惊讶：这个地址就是主教堂！

在那里迎接我的人是大海神父[①]。他说韩克礼神父[②]和费修士已经去机场的旅行社接我——但没有找到我。不久后韩克礼神父来了，很亲切地欢迎我，他带一点烈酒、面包、果酱和黑咖啡，谈话后带我到我的房间。那天我还去看了周围的环境，深感能来到如此美妙的地方是何等的幸福！蓝天、高山、海洋！海上有很多大大小小的船只！我的住所是主教府，它依附着香港的著名山顶（太平山）。而主教府对面就是香港政府的大楼，旁边是植物园，那是世界最美丽的城市中的最美好的地点！而且夜景很美，那么多灯！汽车的灯！香港的路很干净，楼房壮观宏伟，人们的衣着优雅。

所谓职业学校呢？没有！只有那个将来要建立学校的地方。我和韩克礼神父一起去公安局登记。香港是一个光辉的、富裕的、美丽的、优雅的世界城市和商业中心！

[①] 大海神父（Peter Heier [Heyer]，1895—1982 年），美国人，1926 年到河南信阳传教，1934 年到河南新乡，1951 年回美国，1982 年在美国去世。
[②] 韩克礼神父（Joseph Henkels，1901—1997 年），美国人，1928 年到河南信阳传教，1933 年到北京辅仁大学，1935—1936 年间任辅仁大学校务长，1937—1941 年在河南新乡传教，1948 年 6 月到香港，协助恩理觉（Valtorta，1883—1951 年）主教创办一所学校，1951 年到美国，1997 年在芝加哥去世。

Um 4 Uhr früh weckte P. Kubischok; P. Schneider, der Rektor, las die hl. Messe; ich ministrierte, kommunizierte. Mit P. Rektor gings dann zum Flugplatz. Es ist trüb – die Strassen sind nass – Shanghaiwetter! Am Flugplatz! Also wir fliegen doch – trotz des schlechten Wetters! Schon sind viele Mitfahrer da. Wieder: Listen ausfüllen! Dann Gepäcksaufgabe. Gepäckskontrolle. P. Schneider hilft treu und gut. – Nun geht er: ein treuer, lieber Mensch! Noch Impfscheinkontrolle, Leibesvisitation, Abtasten nach Waffen – nochmals Gepäckskontrolle. – Endlich! Hinein in den Flugzeug-bauch! Da drinnen ist's elegant und bequem; hell silbergrau und gepolstert; vornehm die Mitfahrer, die Bedienung. Um 7 Uhr 45 geht's hoch. – Erst ist es noch trüb, allmählich wird's heller, sonniger – dann sind wir über den Wolken – im Licht! Jeder erhält die Tageszeitung; dann in einem eleganten Karton das Frühstück: Pastete, belegtes Brötchen, Schlagoberskrapfen, einige Stück Chocolade und dann, in einem Papierbecher, Kaffee. – Alles ist still, gemütlich summt der Motor. Watte wird verabreicht – um das Motorgeräusch zu dämpfen. …

Dankbar denke ich „hinauf" und zurück: Wie schnell verflossen im hellen Sonnenschein die Sorgen wegen der Landung in Hongkong! Niemand im Raum schien deswegen auch nur eine leise Furcht zu haben. – So wird wohl, wenn wir einst für immer die Erde verlassen, jede Furcht von uns abfallen! Gebe es Gott! – Unterwegs wurde auch angegeben, wo und in welcher Höhe wir sind. Auch lagen englische und chinesische illustrierte Zeitungen auf. Wieder Passkontrolle – Sprachschwierigkeiten! – Gegen Mittag sahen wir durch ein Loch in der Wolkendecke ein idyllisches Tal unten liegen, durch das sich ein Fluss schlängelte. Dann schloss sich wieder die Wolkendecke und wurde, um Mittag erst, von einer Bergspitze durchstossen. Warme, feuchte, milde Luft strömte ein: Wir waren in Hongkong – und landeten glatt; selbst beim Herabgehen kein unangenehmes Gefühl – weder bei mir noch bei anderen. Und wieder Passkontrolle – und dann das schwerste: Wie komme ich nach 16. Caine Road? Ich wusste nicht, dass mich ein Omnibus der Fluggesellschaft dorthin bringen konnte. Südchinesisch und Englisch – es klappte nicht – ein Taxi dorthin verlangte 35 Hongkongdollar, und ich hatte nur 15 (das sind 3 US Dollar). Wusste auch nicht, dass Caine Road auf der Insel liegt und dass ich dorthin mit einer Fähre übersetzen musste. Zum Glück gaben 2 Buben Auskunft, führten zur Fähre, fuhren mit über, mieteten ein Auto und so kamen wir zu Dritt bei 16. Caine Road an. Und siehe da: das war die Bischofskathedrale.

Da war P. Heyer sen. Er empfing mich und sagte, P. Henkels und Br. Benedict seine bereits zum Reisebureau gegangen, um mich abzuholen. Bald kam P. Henkels, begrüsste mich freundlich, holte Likör, Brot, Marmelade und schwarzen Kaffee herbei und führte mich nach kurzem, freundlichen Plausch zu meinem Zimmer. Der Rest des Tages diente zur Orientierung und ich war glücklich, auf einem so märchenhaft schönen Platz der Welt zu sein. Himmel, Berge und Meer! Das Meer belebt von kleinen und grossen Schiffen! Mein Wohnort: die bischöfliche Residenz, wie angeklebt am weltbekannten Peak! Und der Residenz gegenüber der englische Gouverneurpalast – daneben der botanische Garten, der schönste Platz in einer der schönsten Städte der Welt! Und gar die Beleuchtung nachts… Und die Lichter der vielen Autos! Die Strassen rein, die Häuser imposant, die Leute meist gut, ja elegant gekleidet!

Die Industrieschule? Von ihr ist bisher nicht mehr zu sehen als der Platz, auf dem sie gebaut werden soll. Mit P. Henkels ging ich auf das Polizeiamt, um mich anzumelden. Hongkong ist eine prächtige, reiche, schöne, vornehme Welt- und Handelsstadt!

1949年3月19日

圣若瑟节！我去香港的东边和西边散步。晚上我们喝了一点威士忌酒吃了一点饼干来庆祝韩克礼神父的主保日。——美国警告苏联政府不要低估苏联对手的权力和决心。报纸上多谈北约联盟和世界警察。第三次世界大战还能避免吗？好像不能！

St. Josefstag! Spaziergang nach dem Osten und Westen der Stadt. Abends feierten wir mit ein wenig Whisky und Gebäck bescheiden P. Henkels Namenstag. – Amerika warnt den Kreml vor Unterschätzung der Macht und der Entschlossenheit seiner Gegner. In den Zeitungen ist viel von Atlantik-Pakt und Welt-polizei die Rede. Ob sich der 3. Weltkrieg noch aufhalten lässt? Kaum!

1949年3月25日

　　昨天红色政权的领导人进入北京。我们在北京的会士也仍然在北京！但愿神保护他们！香港的天气阴冷。

　　Der rote Führer ist gestern in Peking eingezogen; so sind denn die Unsern dort in der Höhle des Löwen! Gott schütze sie! Es ist kalt und neblig.

1949年3月31日

晚上张满礼神父①、南同礼神父、高一志神父②、穆天民神父的船只驶入香港。一位中国人带他们到我们的住所,但我们什么也没有准备,因此他们必须回到船那里。我正在阅读一部汉语著作——毛泽东的自传。我很惊讶,因为我很容易看懂这本书,而且在内容上我觉得他的一生和我的一生有很多相似之处③。"人无论在哪里,都是一样的。"(德语的诗)

Abends kamen die PP. Zmarzly, Natter, Graisy, Baumgartner im Schiff „Meliskerk" hier an. Ein Chinese führte sie her, wo nichts für sie vorbereitet war. Sie mussten wieder auf's Schiff zurück. – Ich lese eine kurze, chinesische Selbstbiografie Mao Zedong's; ich bin überrascht, wie leicht ich sie verstehe und darüber, dass mir in dieser Darstellung so viel vertraut ist. „Menschen sind die Menschenkinder."④

---

①张满礼神父(P. Augustin Zmarzly,1894—1966年),德国人,生于波兰地区,1924年到河南信阳地区传教,1950年到菲律宾,1966年在菲律宾去世。
②高一志神父(P. Joseph Graisy,1911—1983年),奥地利人,1938年到山东传教,1942—1949年在北京辅仁大学教音乐和德语,1949年到菲律宾,1983年在奥地利去世。
③毛泽东的自传最早1937年发行。值得注意的是,白修士觉得"容易看懂"是因为毛泽东的自传是白话写的,而白修士在辅仁大学和溥学斋、启功之类的"国学大师们"来往,也许习惯于看难懂的文言文,可能较少接触普通话,所以阅读毛泽东的白话时,他觉得"好懂"。另外,毛泽东的童年和青春期可能与白修士的童年有相似之处(离开父母、离开家乡、战争)。但白修士应该也读到第二章的这一段话:"我(在湖南师范学校)最讨厌的就是必修的静物写生。我以为这是透底的愚笨。我总想画简单的东西,快快画完就离开课室……"。
④德语的诗句"Menschen sind die Menschenkinder, aller Länder, aller Zonen…"表达这样的思想:"无论人们生活在世界上什么地区,都是一个人,人的命运都一样。"有"性相近"之意。

结语：

白立鼐的日记还记载了很多细节，比如他在香港去看画展，在香港学习英语的经历，香港的闷热天气，他耳朵听力的衰弱，等等。圣言会的会长决定白修士不能在香港继续生活，所以派他到罗马。因此白修士 1949 年 8 月 16 日从香港起飞，经过曼谷、加尔各答、孟买、开罗到罗马。8 月 19 日下午两点钟他的飞机才到罗马机场。白修士在罗马开始新的生活，但他始终怀念北京、北京的辅仁大学和天主教画派的朋友，尤其是陈路加、陆鸿年、王肃达、郑宗鋆和关广志。

Schlusswort:

Bruder Berchmans hat in seinem Tagebuch noch viele Einzelheiten zu seinem Leben in Hongkong niedergeschrieben; wie er eine Kunstausstellung besucht hat, wie er begonnen hat, Englisch zu lernen, wie er das heiss-schwüle Wetter von Hongkong ertragen musste, wie seine Hörkraft langsam nachliess. Die Oberen des Ordens beschlossen, dass er nicht länger in Hongkong bleiben könne und bestimmten ihn für Rom. Am Morgen des 16. August 1949 flog er von Hongkong ab und reiste mit Zwischenlandungen in Bangkok, Kalkutta, Bombay und Kairo nach Rom, wo er am 19. August Nachmittags um 14.00 eintraf. In Rom begann ein neues Leben für Br. Berchmans, aber die Erinnerung an Beijing, an die Furen Universität, besonders an seine früheren Kollegen und Freunde Lukas Chen, Lu Hongnian, Wang Suda, Zheng Zongjun und Guan Guangzhi begleitete ihn auch weiterhin.

白立鼐的画

Die Bilder von Br. Berchmans Brückner

说明

  每幅画都有白修士自己写的德语题词,我将它译成汉语,又加上一些注解。原来的拼音都改成现在通用的拼音,比如"Peking"改成"Beijing"。

  原画的大小大约都是 30×40 厘米,"告别北京"的画很小,约 10×15 厘米。原画都保存在奥地利圣言会的圣佳伯尔会院(St. Gabriel)。编者注。

Die deutschen Titel der Bilder stammen von Br. Berchmans. Einige chinesische Erklärungen wurden angefügt. Die Originalgröße der Bilder ist etwa 30×40 cm, die Bilder im letzten Teil(„Abschied von Beijing") sind kleiner, etwa 10×15 cm. Die Originale befinden sich in St. Gabriel, Österreich.

01 / 素描画

Zeichnungen und

Skizzen

北京辅仁大学美术系的塔楼
Der Malerturm der katholischen Universität Beijing
注：北京辅仁大学的主楼是比利时本笃会会士葛亚伯（Adelbert Gresnigt OSB）设计的，1930年落成，被誉为建筑风格中西合璧的杰出创作。该楼房今天仍然存在，属北京师范大学管。

北京辅仁大学附近的小桥
Brücke bei der katholischen Universität Beijing
注：这座桥可能在今天柳荫街，没有保存。

辅仁大学校园内的小亭子（1939年）
Lusthaus im Universitätsgarten (1939)

我的房间（一）（1942 年）
Mein Quartier in Beijing (1) (1942)
注：这个房间应该是在辅仁大学的主楼，有电灯，也有自来水。

我的房间（二）（1942 年）
Mein Quartier in Beijing (2) (1942)

我的房间（三）（1942 年）
Mein Quartier in Beijing (3) (1942)

中国司铎书院内的湖心亭（1943 年）

Wasserpavillon im Collegium Sinicum (1943)

注："中国司铎书院"位于辅仁大学主楼的东边，即恭王府花园北部，今天的柳荫街天主教爱国会总部。中国司铎书院是蔡宁（Zanin）总主教 1938 年在辅仁大学建立的培训班，目标是提高中国司铎的教育水平，使他们在大学进修并获得学位。1938-1950 年间大约有 150 名中国司铎在这里进修，他们成为中国各教区修道院的老师或成为主教，对中国天主教影响巨大。1940-1949 年间德国圣言会会士富施公（Friedrich Fuchs, 1899-1983 年）指导司铎书院。

中国司铎书院内的湖心亭

Wasserpavillon im Collegium Sinicum

注：湖心亭以北有司铎书院的塔楼，楼房的建筑风格完全是中国式的，只有在屋顶上有一尊不太大的十字架。老辅仁大学主楼的设计也有这种风格。其中的宗教特色不很明显，亦可视为"基督教本地化"的方式。虽然辅仁大学是天主教办的学府，政府不允许开宗教课，所以整个大学的宗教特色不突出。

辅仁大学美术系花园一角（1942年）
Im Garten der Kunstschule (1942)
注：辅仁大学的二层楼本来超越中国传统的平房设计（在北京故宫附近的楼房都不可以比故宫高），但仍然使用具有中国特色的屋顶和窗户。

白塔寺（1937 年 10 月 12 日）
Baita si (12. 10. 1937)
注：北海公园里的白塔寺离辅仁大学很近。白修士肯定经常来这里散步。

北海公园中的白塔寺（1943 年）
Weisser Turm im Zentralpark von Beijing (1943)

什刹海附近的钟楼和鼓楼
Zhonglou und Gulou vom Shishahai aus

颐和园门楼边的小船
Tor zum Bootshaus im Kaisergarten

通往颐和园的路,北京(1937年)
Auf dem Weg zum Sommerpalast, Beijing (1937)

北京动物园以北（1937年）
Hinter dem zoologischen Garten in Beijing (1937)
注：这个地点在五塔寺附近。

雷阵雨之前的五塔寺（1937 年）
Fünf-Turm-Pagode bei Gewitterstimmung (1937)

北京郊区，面向西山（香山）
Vor Beijing, im Hintergrund die Westberge
注：这个地点可能在今天的西三环或西四环边上，1930年代的中关村真的是一个村庄，没有几栋楼房！

黄米田中的寺庙，北京郊区（1937 年）
Tempelanlage im Hirsefeld bei Beijing (1937)
注：这座佛塔也许是通州的佛塔。

神庙，北京郊区（1937 年）
Tempelgebäude nahe Beijing (1937)

神庙的门口
Tempeleingang

神庙，北京郊区
Tempel nahe bei Beijing

北京西门外的农场
Bauernhaus vor dem Westtor Beijings
注：所谓"西门"大概指"西直门"。白修士画的最多的是"北门"，即"德胜门"。

北京西部郊区的佛塔（1935 年）
Pagode im Westen Beijings (1935)
注：此佛塔在香山地区。原画名 Bonzengrab，直译是"高僧之墓"。

北京（1938年）
Beijing (1938)
注：此画大概也同样在香山地区画成。

在北京西门外（1937年）
Vor dem Westtor Beijings (1937)
注："西门"可能指"西直门"。

一口吊桶井，北京（1937年）
Ziehbrunnen, Beijing (1937)

一口吊桶井,北京(1937年)
Ziehbrunnen, Beijing (1937)
注:白修士喜欢画静物,他很欣赏几何学物体的简朴均衡、石头和木头的粗糙表面和产生立体感的铅笔线条。

中国式宅门，北京（1937年）
Chinesisches Haustor, Beijing (1937)

庙门口，北京（1937 年）
Tempeltor, Beijing (1937)

庙门口，北京
Tempeltor, Beijing

北京胡同（1937年）
Gässchen in Beijing (1937)

北京香山（1937 年）
Am „Hiang Schan", in den Westbergen bei Beijing (1937)

北京德胜门（北门）
Das Siegestor (Nordtor) Beijings

北京德胜门外（1942 年）
Vor dem Nordtor Beijings (1942)

北京北门（1942年）
Nordtor Beijings (1942)

在北京北门外钓鱼的人（1939 年）
Fischer am Nordtor Beijings (1939)

北京的水塔
Der Waserturm Beijings. Federzeichnung

02 / 水彩画
Aquarelle

北京天主教大学附近的小桥

Brücke in der Nähe der katholischen Universität von Beijing

注：北京辅仁大学亦称"北京公教大学"（Catholic University of Beijing），这里译"天主教大学"。在1949年前用"公教"多一些，比如有"公教医院"等。希腊语的katholikos（即英语的catholic）意指"公共的"、"大公的"、"普通的"、"普世性的"。

北京辅仁大学美术系花园中的一门
Ein Tor im Garten der Kunstschule, Beijing

北京辅仁大学美术塔楼中的一个房间
Ein Zimmer im Malerturm der katholischen Universität Beijing

普照寺一角
Ein Tempel im Pu Zhao Si

注：普照寺，亦称"普照院"，位于北京西山，在大觉寺附近，环境非常优美。辅仁大学圣言会团体当时买下普照寺，将它用为养老院和康复院。当地的老人还记得德国的满恩礼神父（P. Heinrich Maas, 1890—1968 年），他 1938—1946 年间曾在普照院生活，1952 年回德国。

普照寺中的亭子
Lusthaus im Pu Zhao Si

普照院的花园（1937 年）
Garten des Pu Zhao Yuan (1937)

一户的门口，北京
Toreingang, Beijing

围绕着北京的护城河（1936 年）
Der Stadtgraben um Beijing (1936)

钟楼，北京（1938年7月30日）
Zhonglou, Beijing (30. VII. 1938)

北京钟楼，冬春之际（1936 年）
Vorfrühling beim Glockenturm, Beijing, Nordstadt (1936)

北京护城河边上的渔民之家
Fischerhaus am Stadtgraben von Beijing

北京护城河边上的渔民之家（1942 年）
Fischerhaus am Stadtgraben von Beijing (1942)

北京护城河边上的渔民之家
Fischerhaus am Stadtgraben von Beijing

北京一角落
Partie aus Beijing

北京护城河
Stadtgraben von Beijing

从景山眺望北京紫禁城
Die verbotene Stadt vom Kohlenhügel aus

故宫南门（1939 年）
Gu Gong (der Alte Palast), Südtor (1939)

北京的俄罗斯教堂
Die russische Kirche in Beijing
注：该东正教教堂原位于北京东直门内俄罗斯使馆内，现已无存。

贝医生之家，在北京香山
Haus von Doktor Bei in den Westbergen

北门附近的城墙
Die Stadtmauer nahe beim Nordtor

北京什刹海地区的伊斯兰教祈祷所
Mohammedanisches Gebetshaus beim She Dscha Hai, Beijing
注:德语的"祈祷所"应该指什刹海的"清真寺"。"什刹海"的拼音也有误。

这样的角落也在北京！（彩色粉笔画）
Auch in Beijing! (Pastell)

寺庙内观，被破坏的神像
Das zerstörte Innere eines Tempels

河口的小船
Boote bei der Flussmündung
注：可能在北戴河。

北戴河海滩
Badestrand bei Beidaihe

海滩（在北戴河）
Badestrand am Meer (bei Beidaihe)

北戴河的海洋
Am Meer bei Beidaihe

03 / 人像
Portraits

自画像（1941 年）（炭笔画）
Selbstporträt (1941)

年老、疲惫的男子(炭笔画)
Chinese, alt und müd

中国老人（红色粉笔画）
Ein alter Chinese (Rötel)

陈路加教授
Prof. Lukas Ch'en
注：陈路加，即陈缘督，亦称陈煦（1902—1967年），北京天主教画派的灵魂人物。

一名中国工人（1936 年 2 月 17 日）
Ein chinesischer Arbeiter (17. 2. 1936)

中国老人
Alter Chinese

中国老妇
Alte Chinesin

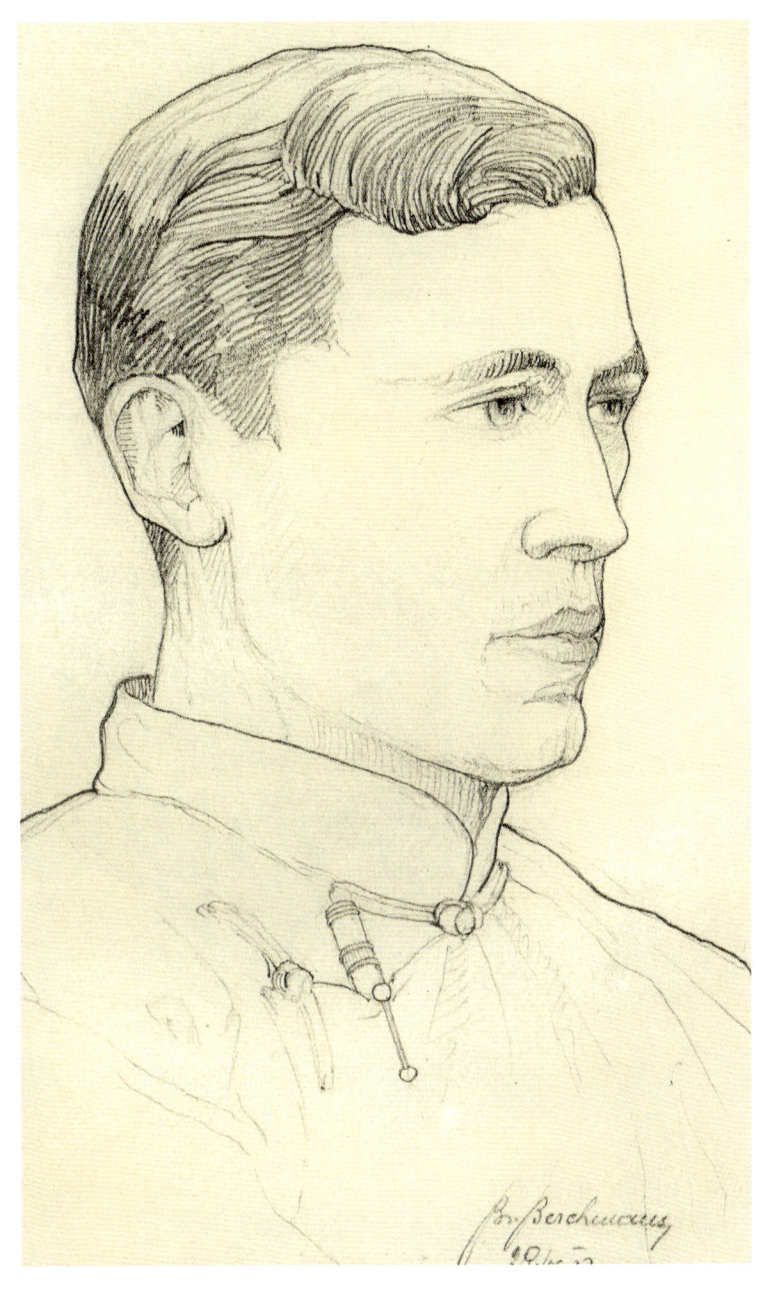

林思廉神父（1937 年）
P. Roesslein SVD (1937)
注：林思廉神父（1910—1999 年），美国人，圣言会士，1936-1947 年在北京辅仁中学和辅仁大学教英语，1947 年回美国。

万宾来神父（1937年9月10日）

P. Karl Weber (10. 9. 1937)

注：万宾来（1886—1970年），德国人，圣言会会士，1911年来山东传教，1937年被提名为山东临沂教区的主教，1938年被祝圣为主教，在建立临沂教区方面贡献很大，1954年离开中国，1970年在德国去世。

段隆德神父，圣言会（1937年）
P. Drüge SVD (1937)

注：段隆德神父（1898—1977年），德国人，圣言会会士，1926-1953年在山东传教，1953年回德国，在德国去世。

来自（北京）温泉的农民（1937年）
Bauernbursch aus Wen Tsuuän (1937)

辅仁大学美术系的一名学生（1935年）
Ein Kunstschüler (1935)

一名学生（1937年9月23日）
Ein Student (23. 9. 1937)

一名女学生（1937 年 8 月）
Eine Studentin (August 1937)

注：辅仁大学 1937 年购置恭王府地，扩建校舍，在那里建设女部，正式成立于 1938 年，由德国圣神会修女管理。

穿蓝衣的中国老人（1936 年 11 月 10 日）
Alter Chinese im blauen Kleid (10. 11. 1936)

简单舒服的中国衣服（1932 年）
Einfache, bequeme chinesische Kleidung (1932)

拉洋车的苦力（1941 年 5 月 28 日）
Rikschakulis (28. 5. 1941)

拉洋车的苦力（1938 年 5 月 23 日）
Rikscha-mann (23. 5. 1938)

中国工人（1941 年 6 月 19 日）
Chinesischer Arbeiter (19. 6. 1941)
注：在画的下端写的词可能还是"Peking"（北京）。

捡纸张的小孩（1944年）
Papiersammler (1944)

中国老人（1936年）
Alter Chinese (1936)

中国母亲和孩子（1940 年 12 月 6 日）
Chinesische Mutter und Kind (6. 12. 1940)

04 / 动物和静物
Tiere und Stilleben

羊（1935年10月15日）
Schafe (15. 10. 1935)

注：这幅画写的"3. Jg."（=3. Jahrgang）指"三年级"，所以不是白修士画的，而是他的素描班"三年级的学生"画的。因此也没有白修士签字。白修士保存这幅画，大概是因为他觉得画得很成功。

猫（1937年）
Katzen (1937)

鹈鹕（1937年）
Pelican (1937)

圣诞树上的一枝（1937 年 12 月 28 日）
Ein Weihnachtszweig (28. 12. 1937)

猫头鹰（1938 年）
Eine Eule (1938)

注：画上写的拉丁语 Benedicite（"你们要赞美吧！"），可能这幅画原来用为辅仁大学音乐演奏会的海报。

鹤（1938 年 3 月 1 日）
Reiher (1.3. 1938)

劳作与面包（无年代）
Arbeit und Brot.

叶子和水草（1942年）
Blätter und Früchte (1942)

91.

水彩画（无年代）
Aquarell

立方体、圆柱体和球体（1938 年 3 月 22 日）
Würfel, Zylinder und Kugel (22. 3. 1938)

透视例画（1938 年 5 月 31 日）
Angewandte Perspektive (31. Mai 1938)

圆形的容器（1940年）
Runde Gefässe (1940)

蓝绿的圆形容器（1937年4月15日）
Runde Gefässe in Blau und Grün (15. 4. 1937)

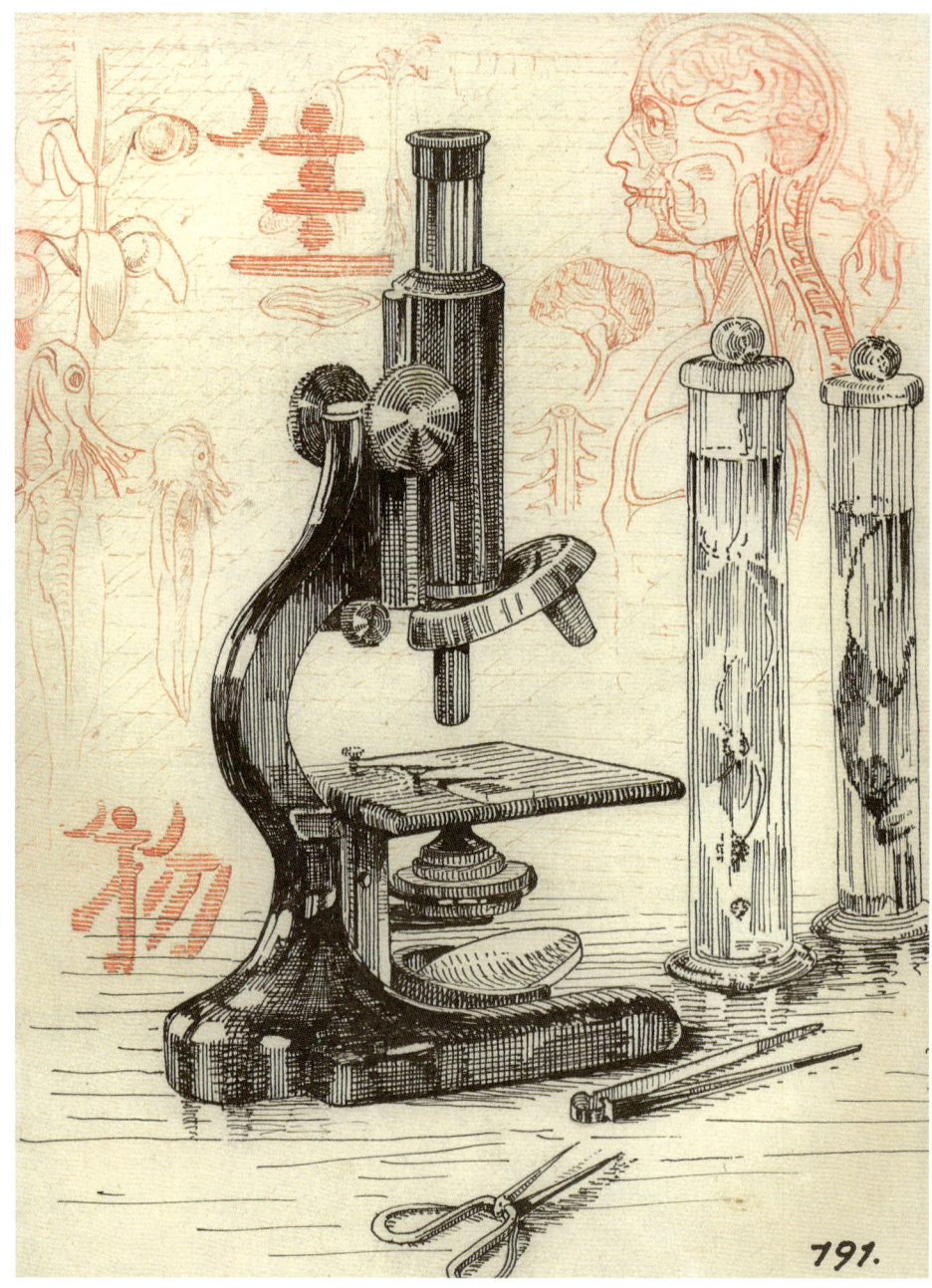

显微镜。铅笔画。

Mikroskop. Federzeichnung

注：这幅画很可能用为辅仁大学生物系的海报。当时的生物系在医学和疫苗预防方面获得了重大的突破，比如马德武神父（Gregory Matthews）在1940年代开展伤寒症的疫苗预防。

圆形的玻璃器皿（1939年）
Runde Glassgefässe (1939)

圣诞节静物（无年代）
Weihnachtstilleben

中国式的墓（1924年）
Chinesisches Grab (1924)

注：白修士1923年来华，所以这幅画算是他在中国画的最早的作品之一，可能是在曲阜的"孔林"画的。这幅画也暗示白修士的爱好：他欣赏几何学物体、房子和静物。

05 / 告别北京
Abschied von Beijing

北京,护城河(1948年)
Beijing, Stadtgraben (1948)

北京郊区（1948 年）
Beijing, Peripherie (1948)

护城河边上的树木（1948 年 8 月 10 日）
Bäume am Stadtgraben (10. 8. 1948)

上海徐家汇（1949 年 1 月）
Shanghai Zikawei (Jänner 1949)
注：参见白立鼐修士的日记，他曾在这里住过几个星期。

香港（1949年）
Hongkong (1949)

香港（1949年）
Hongkong (1949)

香港（1949年）
Hongkong (1949)

香港（1949年）
Hongkong (1949)

香港（1949 年）
Hongkong (1949)

香港（1949年3月19日）
Hongkong (19. 3. 1949)

香港（1949）
Hongkong (1949)

香港（1949 年 3 月 27 日）
Hongkong (27. 3. 1949)

香港（1949 年 3 月 18 日）
Hongkong (18. 3. 1949)

图书在版编目（CIP）数据

别了，北平：汉德对照／（奥）雷立柏编注．——北京：新星出版社，2017.7
（传记文库）
ISBN 978-7-5133-2623-0

Ⅰ．①别… Ⅱ．①雷… Ⅲ．①白立鼐－生平事迹－汉、德 Ⅳ．① K835.215.72

中国版本图书馆 CIP 数据核字（2017）第 090710 号

传记文库

别了，北平

（奥）雷立柏 编注

策　　划：刘丽华
责任编辑：孙立英
特约编辑：董　婧
责任印制：李珊珊
装帧设计：冷暖儿

出版发行：新星出版社
出 版 人：谢　刚
社　　址：北京市西城区车公庄大街丙3号楼　　100044
网　　址：www.newstarpress.com
电　　话：010-88310888
传　　真：010-65270449
法律顾问：北京市大成律师事务所

读者服务：010-88310811　　service@newstarpress.com
邮购地址：北京市西城区车公庄大街丙3号楼　　100044

印　　刷：北京雅昌艺术印刷有限公司
开　　本：710mm×1000mm　　1/16
印　　张：15
字　　数：100千字
版　　次：2017年7月第一版　2017年7月第一次印刷
书　　号：ISBN 978-7-5133-2623-0
定　　价：68.00元

版权专有，侵权必究；如有质量问题，请与印刷厂联系调换。